BOYIN ZHUCHI
YISHU SHENMEI JIANLUN

播音主持艺术审美简论

郭杰 著

中国广播影视出版社

自　　序

人民广播如果从延安时期算起，迄今已迈入第八十个年头。我国的首座电视台——北京电视台，即中央电视台的前身，是1958年建立起来的，到20世纪80年代电视才逐渐进入寻常百姓家。现在，广播电视已经在全国广袤的疆域里实现了普及。

随着时代的进步，社会与科技水平的发展，广播电视与人民群众的关系日益密切。随着信息社会的到来、多媒体的出现，传播方式更加多样化，传播功能也在不断扩大、增加。人民群众在物质生活条件得到显著改善的同时，对精神生活的要求越来越高，其中包括广播电视节目审美功能的进一步提升与彰显。

任何理论总是从实践中脱胎而生的，它源于人在社会实践活动中认识的逐步深化、正反经验的总结以及对事物变化规律的发现。从这个意义上看，理论较之于实践往往是滞后的。这就是人们常常引用的那句话——“理论是灰色的，而生活之树常青”。[①] 另外，理论一经产生，又对实践产生巨大的指导意义，使实践更加具有自觉性。这便是理论的价值所在。

我国对广播电视播音主持理论的研究起步较晚，而且基本上处在一种自在的状态。尤其是基于历史条件，“左”的干扰持续时间较久，美学理论的研究被边缘化，对播音主持的审美观照到20世纪80年代才有所发声。其中，因为主持人的出现较迟，针对主持艺术的研究就更为晚近了。所以，从已经发表的学术论文和出版的学术著作来看，着眼于播音主持审美研究的数量总

① 歌德：《浮士德》。

体偏少，而前者所占比例远大于后者。这方面的情况，有的文章做过专门统计，可以作为佐证。数量本就不多（特别是专著），加之比重的失衡，作为播音主持理论体系的重要组成部分——美学理论研究的迫切性就可以想见了。可是另一方面，理论研究又面临艰难。一是历史资料的匮乏，二是有声语言的审美感受难于用词语表述。中国传媒大学教授、博士生导师张颂把历史资料的匮乏比作“凤毛麟角”，把有声语言审美感受的表达戏称为“微乎其难哉，难于像其声”。[①] 张颂教授作为中国播音学科体系的开拓者和播音界公认的继往开来的领军人物已经谢世，他生前对播音主持美学理论开拓的许多期待当寄望于后学。

笔者从事播音主持的实践与教学工作20多年，深深体会到：教材中经验性、技术性层面的知识性描述偏多（当然是必要的，也是特别重要的），形而上的、有深度的理论分析与概括偏少，科学体系的建立与完善仍有大量工作要做。尤其从美学角度来看其必要性更为突出，这无疑与当前学术理论研究的总体状况相关联。

有道是：“虽不能至，心向往之。”笔者有参与的意愿萌发，“有心栽花”，但深恐学力不逮，一直心存顾虑。况且播音主持的实践性极强，我虽有在地方电台、电视台、中央人民广播电台、中央电视台的播音主持实践工作经历，但总体说来与实际需求仍有距离，何况当时也较少做理论上的总结与深入思考。

最终我在矛盾徘徊中，是前辈、同仁、朋友的鼓励，促使我做出决定，拿起笔来，然而总有如履薄冰之感。既然已经“骑虎”，要下也难。于是开始着手本书的构想：

以播音主持艺术为研究对象，从审美的角度切入。直称“论”字，似乎有点发虚，故名曰“简论”，也可视作“打擦边球”吧。中国人重视面子，我亦未能免俗，多少增加点保险系数吧。

又是播音，又是主持，所以论述就得兼顾。考虑到学术界目前对“播音”

① 张颂：《朗读美学（修订版）》，中国传媒大学出版社，2010，第1页。

与“主持”两个概念仍存争议的现实，我在使用时有时狭义，有时广义，自己也有点“纠结”。

定下这么一个题目，不得不考虑内容结构的相对全面，于是定下“功能”“特征”“风格”“原则”等六个方面作为纲目。就算是演戏，也得尽可能像一点不是?

然而，读者到底还是要看有没有“干货”。怎么办?只好理论上再做点“恶补”。毛主席曾经批评过那些专以名词吓人的“客里空”现象，提倡理论从实际出发，理论要结合实际。这就给我指明了方向。所以，写作过程中必须从我国播音主持艺术的历史与现实出发，贴近实际，结合实例加以分析，案例越有典型意义越好。必须直面当前出现的倾向与问题乃至争论做出自己的思考与回答，哪怕有“幼稚”之嫌，总算表现出那么一点勇气吧（不敢妄称“学术勇气”)。依稀记得鲁迅说过一句话，大意是“是东西，总得发声的”。又记得还有什么人说过，哪怕一句有用的话也比一千句废话更有价值。想到这里，心里平静了许多。学术理论的研究本就是一条寂寞之路，排除患得患失的功利观念的干扰，但尽人事而已。

谈到播音主持艺术在学术界存在的一些争论以及社会上出现的不同声音，其实是一种正常现象；没有，倒是不正常的。仁者见仁，智者见智，自古而然。问题需要解决，理论的价值就体现在问题的解决过程当中。有争论，说明问题引起了关注；因关注而争论，才有了研究，才能推动理论的进步。有些争论是长期存在的，虽然不能奢望马上就可以解决，但只要本着老老实实的科学态度，就会对问题的解决产生一定的推动作用。哗众取宠，意气用事，有害无益。有些问题，是刚刚出现的，今后还会有新的问题出现，需要学术理论研究与时俱进，以增强自身的生命活力，这又是件好事。比如，有些人不承认朗读是一种审美创造，朗读不需要理论，就算有理论也与广播电视没有关系……正是因为存在这样的种种看法，才催生出张颂《朗读学》《朗读美学》的先后问世，也成为他关于播音主持艺术美学研究的动力之一。在先生的启发下，我把“朗读与朗读审美”作为专章列出，并把朗读视为播音主持艺术的基础，尝试着结合自己的感受谈些体会和意见。有些争论，现实针对性更强。比如，要不要坚持认真备稿的传统做法，播音与主持之间是什么关系，播音员主持人与受众之间是什么样的关系等，都需要有一个比较科学的及时的回答。本书中，笔者也尽可能在总体框架的范围内，表达一些个人看法。诸如此类，倘若读者觉得对他有一点儿启发，我也觉得有所安慰了。

虽说是“简论”，但毕竟冠以“审美”二字，岂可以掉以轻心。学术著作不应该只是给论述涂上一点理论的色彩，用些美学概念做些装点。所以，笔者尽量紧贴审美，不使游离；另一方面尽量把握内容内在的逻辑联系，尽量做到观点与材料的有机融合，尽量发挥理论的烛照作用，尽量避免“客里空”。

虽是“尽量”，但仍然遗憾难免。读者有耐心读完本书，就会发现“学力不逮”并非一句通常的客套话。权且充当一次学术舞台上一个跑龙套的角色吧，添点儿热闹也没什么不好，何况毕竟有一颗诚心在。

是为序。

目　　录

第一章　播音主持艺术的社会功能与审美功能辩证

播音主持艺术的功能是什么？这些功能之间是什么关系？这似乎不应该成为问题，然而并不这么简单，因为存在争论，甚至是重大的分歧。

首先，我想先摘引张颂和方明的两段文字和谈话，作为分析的依据。

张颂在《深化播音内涵加强语言魅力》一文中说："长期以来，广播电视传播系统的认识上、操作上的'报刊影子'并未消失，在有的地方，有些时候，还显得浓重。重编轻播，重文轻语，重词章轻表达，就是比较突出的表现。这种认识与操作的核心是：遣词造句、布局谋篇最重要，可以下大气力，花大功夫；而语言表达，诸如语意是否清楚完整，语气是否准确贴切，思想是否揭示得深刻，感情是否表现得丰富，等等，那就不在话下'言如其文'了；似乎有了构思，有了叙说，有了词语系列，有了来龙去脉，就有了受众的认知，而那中介，不过被认为是无差错的'语音'而已。"[①]

张颂在《话语权力简论》中说："创作主体的话语权力是一种艺术表达权，同创作主体的美学理想、审美感受紧密相连。在当前的文化态势中，后现代主义思潮正在泛滥，一个'削平艺术''放逐崇高'的'汉语解放运动'方兴未艾。有些广播电视节目，特别是娱乐、游戏节目，竟毫无顾忌地设置宿命论的魔圈，诱人进入'幸运'的迷宫，还明目张胆地手持拜金主义的魔棒，令人步入'现钞'的窠臼。她们用尽花言巧语，编织欢歌笑语，把快餐

① 张颂：《播音主持艺术论》，中国传媒大学出版社，2009，第192页。

文化大量化，把大众文化低俗化，以取得‘经济效益’而傲世，以占有‘市场份额’而自赏。当人们一旦奖券在握的时候，艰苦奋斗的理念便会被冷落；而当人们一时捧腹大笑之后，仍要回到勤俭持家的现实生活，本想享受消费文化的自己，却已经被他人消费。这时，制造无信息、无知识、无美感的‘三无世界’的策划者却在欲壑难填的又一个胜利中，怡然自得地享用着新的猎物。因为这类节目的主持人的话语权力是由他们给予的，一再提出‘忘掉基本功，仿效港台腔’的要求，否则就严加训练，直至符合他们心目中的话语为止。祖国的优良文化传统，主流文化的正确导向，人民群众的人文精神，话语权力的艺术规格，一概置诸脑后，究竟谁为谁服务，不是昭然若揭了吗?”①

方明在接受我播音主持艺术学院的同事刘卓老师的访谈中这样说：“改革开放后，更多节目进入了直播。播音员主持人开始说言之无物的口水话，乃至废话，结巴重复更是司空见惯，有人认为这才是真实。作为新闻工作者，播音员主持人无论到什么时候，主流价值观的宣传都是我们最根本的任务。在关键时刻尤其要体现。但是现在有些播音员主持人似乎对主流价值观不感兴趣，不知道该怎样宣传。年轻的播音员主持人还认同不认同我们的主流价值观？如果不认同将会出现很多问题。……作为主流媒体，它的根本任务是什么？是把中央的路线、方针、政策，用我们自己的话，用老百姓喜闻乐听的语言把它充分地阐释清楚，解疑释惑。脱离主流价值观的‘三俗’现象的出现，播音员主持人是有责任的，广播电视语言传播者，应该在其位，谋其‘正’。”②

之所以在这不厌其烦地引述了张颂、方明两位专家的文章与谈话片段，意在说明，在播音主持工作的功能的认识方面，是有问题存在的，是不统一的，分歧甚至是很严重的。这些方面的资料还有很多，限于篇幅，管中窥豹而已。

---

① 张颂：《播音主持艺术论》，中国传媒大学出版社，2009，第 205 页。

② 刘卓：《永不消逝的电波·方明老师访谈录》，载鲁景超主编《播音主持艺术》第十一期，中国传媒大学出版社，2011，第 236 页。

播音主持属于新闻工作的重要组成部分，自然担负着重要的社会功能，诸如政治功能、认知功能、教育功能、引导功能、服务功能等；从不同的角度划分，还可以有更多的提法。同时，播音主持又是一种语言艺术的实践活动。所以它必然又具有审美功能。各功能之间存在一定的差别，但又互相联系、互相渗透，甚至互相交叉。如何正确认识它们之间的关系，尤其是各功能与审美功能之间的关系，就是本章要论述的任务。

第一节　播音主持艺术的社会功能

一、政治功能

播音主持既然是新闻工作的重要组成部分，那就隶属于上层建筑的意识形态范畴，意识形态是通过政治这个中介反作用于经济基础并为经济基础服务的，而政治是经济的集中体现，所以，从服务的直接性而言，也可以说，包括播音主持在内的全部新闻工作也是为一定的政治服务的。社会主义新闻机构的播音主持，是为具有中国特色的社会主义政治服务的。从逻辑上讲，必然如此。

毛泽东同志为人民广播的题词是："努力办好广播，为全中国人民和全世界人民服务"，这就指明了广播电视工作的根本宗旨是为人民服务。因此，广播电视的功能一言以蔽之，即服务功能。服务功能是个大概念，涵盖了它的所有功能。为社会主义政治服务，便是题中应有之义。中国共产党是中国特色社会主义事业的领导核心，因此也是中国特色社会主义事业的政治核心；它坚持的是全心全意为人民服务的宗旨，代表中国最广大人民群众的根本利益，而没有自己特殊的利益。因此，新闻宣传机构的功能定位、性质定位是党、政府和人民的喉舌。"喉舌"的含义，一方面，指它要及时、准确、全面地宣传党的路线、方针和政策以及党在特定历史时期、阶段的中心任务；另一方面，又要及时、准确地反映人民群众的意见、要求、愿望和呼声，发挥党密切联系人民群众的桥梁、纽带作用。认可这一定位，就应在工作中旗帜鲜明地坚持党性原则。

但在事实上，有的人一听“喉舌”“工具”“党性”，就很反感，就产生一种抵触情绪。有的人，把“党、政府”和“人民”割裂开来，对立起来，把“喉舌”理解成仅仅是党和政府的，而不是人民的，并力图代表人民要求什么“知情权保障”等。持有这样观念的人，不是政治上的糊涂，就是政治上的幼稚。这种思想不端正，是十分有害的。党和政府高度重视新闻机构的舆论监督作用，予以坚定的、大力的支持，这种新闻舆论监督的政治效果、社会效果越来越明显，因此，也得到了人民群众的欢迎和充分肯定。作为大众传播媒介，应该认真研究怎样当好喉舌，为维护国家利益，为坚持党的领导和人民当家做主的统一性、主导性，怎样才能更好地发挥其不可替代的社会功能，起到正确引导的作用。同时，我们还应该看到，有些误解和错误观点与我们的广播电视在反映人民群众的普遍愿望和正义呼声方面还有不小的差距有关，特别是在体现人民根本利益、长远利益的鲜明色彩和厚重分量上，还显得拘谨、单调、不足。

在广播电视传播中，播音员主持人处于前沿、中介和纽带的地位，作为语言主体拥有话筒前的话语权力。话语权是党、政府和人民赋予的，这个权指的是支配力量而非利益享用，话语权运用的正确与否以及运用的好坏关系重大。电子传媒具有广大的覆盖面和巨大的影响力，传播者的政治素质要高，党性要强，既要防止话语权力的滥用，又要克服话语权力的疲软；作为行使话语权力的公众形象，要敏于应对，长于表达，善于驾驭，精于传播，无愧于党、政府和人民喉舌的称号。国家教育部语用司原司长姚喜双教授在《同窗共语三十载　情同手足难释怀》一文中这样写道：

他（罗京）在播音业务上有自己的看法，关于播音主持，说新闻与播新闻等一系列学术问题，他都有自己独到的见解。我们的电台、电视台要体现党的方针政策，是党的宣传员。电视台是党的宣传机关，不是让你用这个阵地来反映个人的思想，也不是只反映中央电视台的思想。所以，如果你想从事中国的新闻事业，第一点你必须“存在决定意识”，就是说你存在什么样的环境，你需要什么样的思想意识。从事新闻事业，必须要有一个观念，就是理解我们的工作环境、工作性质。要了解“存在决定意识”，要时刻提醒自己，要站在这个角度去考虑问题，考虑自己要说的话，不管是你自己照本宣科地讲，还是自己想的。如果是自己想的，就更需要注意，否则你自己的观点或者其他的东西夹杂太多，那就容易出问题。按照我们的行话就是说：脑子里要有政治。第二点就是“内容决定样式”。《新闻联播》中政令、社论或党的方针政策等居多，相对来讲是比较严肃的、比较规整的，来不得半点马虎的。稿子来了以后，一个字是一个字，其中的“的”“地”“得”都是不能动的，它是经过专家和相应部门进行了严格润色的，以播音员个人的能力根本不能改动。这种书面语言，就需要用正规庄重的或者有些人认为的死板的语言去播，我们不可能把国家领导人的活动播得很随意，或者用那种很诙谐的、幽默的语言来播，那是不可能的。因为它本身就带有严肃性。第三点是“实力决定效果”，明确了内容，确定了形式，业务实力将最终决定体现的效果。你对内容的理解程度如何，了解得是否全面，对这种形式掌握得怎么样，自己的语言、声音、形象的综合把握能力、内部技巧与外部技巧运用得好坏，都会直接影响播出效果。因此，要研究自己所在岗位的语言运用规律、特点，尽量将它们发挥到极致，这样才能收到好的效果。[①]

我们强调政治功能，更需要考虑政治功能如何才能完满地实现。毛主席说：“要宣传得好，使人愿意接受。”语言传播，一定要力求艺术地进行，不要“席勒式地把个人变成时代精神的单纯的传声筒”，而应该更加“莎士比亚化”，这样，“就能够在更高得多的程度上用最朴素的形式把现代的思想表现出来”。[②] 政治宣传，不能等同于政治口号和政治纲领，也不是政治说教；它需要有生动活泼的艺术形式，有新颖的、创造性的表达。就是播读政府文

① 刘卓：《罗京现在开始播音》，中国传媒大学出版社，2019，第280—282页。

② 马克思：《马克思致斐·拉萨尔》，载《马克思主义文艺论著选讲》，中国人民大学出版社，1982，第201页。

件、社论时评、法令法规，也有一个音声美不美以及情绪是否饱满，语气、节奏、分寸感运用得好不好的问题。达到了审美的层次，就能够使受众产生愉悦、共鸣，就能使信息传播入耳、入脑、入心，实现最佳的政治传播效果。所以说，政治功能与审美功能有区别，但又是互相联系、互相依存的。播音员主持人明白了这一点，就应该在语言传播中保持鲜明的政治态度和饱满的政治热情，充满政治自信、制度自信、文化自信，同时努力提高语言的艺术表现力，不辜负党和人民的重托。

二、传播功能

传播学理论认为："大众传播是一个大规模的信息传送过程，在这个过程中，职业化和组织化的传播者出于各种目的，利用媒介系统广泛、迅速、连续不断地发出讯息，传递给人数众多、成分复杂的受众。"① 信息全球化的浪潮推进了媒介产业的发展，并使大众传播在人们的日常生活中发挥着举足轻重的作用。随着社会的进步、科学技术的发展，大众传播面临着传播范围的国际化、传播环境的复杂化，以及受众选择的多样化和随之而来的竞争的白热化，这一切均要求传播观念不断更新，传播效果不断提升，传播功能不断优化。② 认识大众传播的基本功能，目的在于使一个社会系统的适应与调整的结果更趋于有利，有利于发挥正面功能，有利于减少负面功能。

传播，是播音主持艺术最基本的功能，而新闻传播又是传播的最主要的内容。

随着经济的发展、科技的进步、全球化进程的加快、交流的频繁，使人们对新闻传播的关注越来越强烈。国际风云变幻、世界重大事件的发生，各种国际活动等都是人们关注的，上至政府高官，下至平民百姓无不如此，从街谈巷议到公园散步的退休老人的话题，随时随地都能感觉到国际视野的普遍存在。譬如，美国"萨德系统"一入韩，立即引起中国老百姓的强烈反应，去韩国旅游的温度大幅下降。新闻传播的力量可见一斑。

人民群众对国内乃至本地区内新闻信息的关注就更不用说了。包括地震

---

① 胡正荣等：《传播学总论》（第二版），清华大学出版社，2008，第109页。
② 鲁景超：《播音主持语言的文化功能》，中国传媒大学出版社，2016，第37页。

等一些重大灾情的发生，都是广播电视在第一时间发布信息并在抗灾救灾的过程中发挥了不可替代的作用。我们各级电台电视台的播音员主持人有许多令人肯定和感动的突出表现，同时，通过新闻传播还凝聚了党心、民心，展现了社会主义制度的优越性，弘扬了“一方有难，八方支援”、团结友爱、勇于自我牺牲的民族精神。每次全国党的代表大会的召开，一年一度的“两会”的召开，都引起了全国人民的高度关注，普通群众可以通过广播电视了解国家各方面的发展进步以及中央关于国计民生的重大决策，也可以了解与自己日常生活息息相关的种种信息。刘卓以罗京为例，这样写道：“2008 年汶川特大地震，不论是规模空前的生死大营救，还是历经险阻的千里大营救，不论是处处涌动的爱心大奉献，还是一方有难八方支援的社会主义大协作，这一切，都让全世界看到了中华民族风雨同舟、生死与共的强大合力，看到了在中国共产党的领导下全体中国人民抗震救灾、重建家园的精神和决心。罗京通过自己的专业表达大力弘扬了抗震救灾精神，大力宣传了在抗震救灾当中涌现出的先进思想和模范事迹，并以饱满的情绪去感染大家，使之转化为自力更生、艰苦奋斗、重建家园的坚定意志。在那个举国同悲的时刻，所有人心中都蕴藏着无尽的悲哀，罗京用自己的表达方式鼓舞了所有人战胜自然灾害的勇气，坚定了他们的信心，他鼓励大家众志成城，努力走出悲伤的情绪，在受众中产生了强烈的共鸣。他的表达质朴而不失儒雅，语气深沉有力、坚定自信，充满感召力。”①

播音员主持人在信息传播的过程中，要在真和善的基础上抵达审美层次。真，坚持真实的身份，真诚的态度，真实的信息，真挚的感情，真切的语气；善，要与受众心相连、情相通，要体现人文关怀。美，要做到声情并茂，形神兼备，有的放矢，控纵自如；有比兴，有语境，有灵性，有顿挫，有抑扬，有分寸。也就是达到传播功能与审美功能的和谐统一。

当然，新闻传播是大众传媒的主要功能之一，但并不是它的全部。因为通过播音主持为主要传播形式的信息传播，其内容是十分广泛的，诸如政

① 刘卓：《罗京现在开始播音》，中国传媒大学出版社，2019，第 207—208 页。

治、经济、文化、艺术、军事、科技、体育、社会生活等各个方面，既有新闻性的，也有知识性的、娱乐性的，包括意识形态领域里的文化传播等。播音主持负载着传播功能的重任，对社会的稳定、民族的团结、人心的凝聚、时代的进步发挥着十分重要的影响。这一点，每一位从业者都应保持十分清醒的认识。

三、引导功能

党的十八大报告指出："全面建成小康社会，实现中华民族伟大复兴，必须推动社会主义文化大发展大繁荣，兴起社会主义文化建设新高潮，提高国家文化软实力，发挥文化引领风尚、教育人民、服务社会、推动发展的作用"[①]"要深入开展社会主义核心价值体系学习教育，用社会主义核心价值体系引领社会思潮、凝聚社会共识。推进马克思主义中国化时代化大众化，坚持不懈地用中国特色社会主义理论体系武装全党、教育人民，深入实施马克思主义理论研究和建设工程，建设哲学社会科学创新体系，推动中国特色社会主义理论体系进教材、进课堂、进头脑。广泛开展理想信念教育，把广大人民团结凝聚在中国特色社会主义伟大旗帜之下。大力弘扬民族精神和时代精神，深入开展爱国主义、集体主义、社会主义教育，丰富人民精神世界，增强人民精神力量。倡导富强、民主、文明、和谐，倡导自由、平等、公正、法治，倡导爱国、敬业、诚信、友善，积极培育和践行社会主义核心价值观。牢牢掌握意识形态工作领导权和主导权，坚持正确导向，提高引导能力，壮大主流思想舆论"[②]。

仅从上述两段引文来看，十八大报告就两次使用了"引领"一词，一次使用了"引导"一词，明确指出"引领""引导"的内容、任务、目的和重大意义。

习近平总书记《在中国文联十大、中国作协九大开幕式上的讲话》中说："希望大家坚守艺术理想，用高尚的文艺引领社会风尚。文艺是铸造灵魂的工

① 《中国共产党第十八次全国代表大会文件汇编》，人民出版社，2012，第30—31页。
② 胡锦涛：《坚定不移沿着中国特色社会主义道路前进，为全面建成小康社会而奋斗——在中国共产党第十八次大会上的报告》，人民出版社，2012，第31页。

程，承担着以文化人、以文育人的职责，应该用独到的思想启迪、润物无声的艺术熏陶启迪人们的心灵，传递向善、向上的价值观。广大文艺工作者要做真善美的追求者和传播者，把崇高的价值、美好的情感融入自己的作品，引导人们向高尚的道德聚拢，不让廉价的笑声、无底线的娱乐、无节操的垃圾淹没我们的生活。”他在主持召开党的新闻舆论座谈会并到人民日报社、新华社、中央电视台调研时还说：“在新的时代条件下，党的新闻舆论工作的职责和使命是高举旗帜、引领导向，围绕中心、服务大局，团结人民、鼓舞士气，成风化人、凝心聚力，澄清谬误、明辨是非，联接中外、沟通世界”。习近平的讲话，说明“引领”“引导”的重要；他对文艺界和新闻界提出这样的要求，说明文艺界、新闻界的工作者都担负着这一历史重任。而这种“引领”“引导”不仅需要理论宣传，同时需要运用润物无声的艺术的、审美的方式“熏陶启迪人们的心灵”。

一个时期以来，《见字如面》《中国诗词大会》《中国汉字听写大会》《中国成语大会》《朗读者》《经典咏流传》等先后现身荧屏，在全国观众中引起了强烈反响。有人评论说：“由于前一时期观众的精神文化生活被大量的娱乐充斥，已然到了‘审美疲劳’的地步，因此有一种沉下心来呼唤文化的趋势在渐渐出现。”还有的评论认为，中国观众在荧屏上看到了太多的喧嚣与华丽。在市场和资本的诱惑下，很多应运而生的节目只求快速拥有观众，却并不承担提供精神价值和精神力量的传播使命，似乎忘记了电视作为精神产品的本质，不关心审美价值和情感价值，只关心消遣价值和产业价值。如今，强烈的娱乐饥渴渐趋式微，人们不再满足于娱乐的狂欢，开始回头寻找有价值的精神生活。因此，不妨谨慎乐观：真正有文化价值的好节目早晚还会成为主流。优秀的文化类节目，必将改变中国人的精神面貌。

综上所述，广播电视播音主持担负着重要的引导功能，而引导必须和审美相结合才能产生春风化雨的效果。

四、认知功能

广播电视语言传播在达到信息共享的基础上，还要实现认知共识的目标。

什么是认知共识？认知共识，主要是指我们语言传播中必然包容理性的内涵，并要在人生观、世界观、价值观的走向、取向上，进行体认、理解、沟通和同构。

对于语言传播，人们不满足于听到你说了什么，还要了解“为什么说”等言说背后的弦外之音、言外之意，即俗话说的“锣鼓听声，听话听音”。苏轼在《答谢民师书》中说：“夫言止于达意，即疑若不文，是大不然。求物之妙，如系风捕影，能使是物了然于心者，盖千万人而不一遇也，而况能使了然于口与手者乎？[①]”

有声语言传播，以其科学精神的阐发、人文精神的关怀吸引受众，感染受众，而科学精神的真谛、人文精神的奥秘常常不在词语表层，而是潜藏在、蕴含在词语“不在场”的深层之中。这只有依赖有声语言创作主体以有声语言特有的表现力加以显露和昭示。这种显露和昭示，需要很强的艺术功力，它使有声语言超越“稍纵即逝”的藩篱而抵达“意在言外”“余音绕梁三日不绝”的境界。所以，苏东坡认为“了然于口”比“了然于心”更难。

张颂认为：“‘为什么说’，不是对具体语言内容的简单诠释，而是指宏观认知上的理性重合，即传者的理念与受者的理念的融通。这样，传者的目的才可能实现，受者的期待才可能满足。”[②]

所以，传者不仅要解决“为什么说”的问题，还要解决一个“怎么说”的问题，怎样及于受众，使传播语言入耳、入脑、入心。听者所接受的不仅是感官的刺激，还是思维的能力与感情的活力。夏青教导青年播音员，在播音之前要充分备稿，做到“三读”“三思”。三读，指拿到稿子后要读三遍：第一遍粗读，宏观把握，了解整体；如果细读，反而会陷进去。第二遍细读，要逐字逐句挖掘自己不懂的地方和有误的地方，把握文章内在的逻辑联系。第三遍再粗读，以防第二遍细读、分析之后转而陷入文章的细枝末节。“三思”，就是分析完文章后还要进行思考：第一是要把文章放到大的时空背景当中去审视；第二是要把文章放在整个节目中去审视；第三是要把文章放

① 《古文鉴赏辞典》，江苏文艺出版社，1987，第 1039 页。
② 张颂：《播音主持艺术论》，中国传媒大学出版社，2009，第 2 页。

在听众那里去考虑，从播和听的对比中思考实际的传播效果如何。郭沫若称赞夏青说："真是三分文章七分读哇!"

听夏青的政论播音，人们会感受到一种巨大的逻辑力量，不仅信服，而且被征服。原因在于，他不只注重把握播音员与文字稿件的逻辑关系，还注重把握文字稿件通过播音员的播音同听众接受的逻辑关系。比如他善于创造性地使用停顿，有些停顿时间还比较长。他说，一篇文章中，我们提起一件事情，提出一个问题，总是应该建议大家来想想这件事情，来想想这个道理。我们的播音不应连得太快、太多，我们要留给听众时间，让他考虑。你给他时间让他考虑，他就要注意你说的内容，就会思考问题的答案，思想就会跟着你的广播走。这一小小的停顿，给你带来了逻辑的引导力量。播音的这种逻辑的力量就能赢得听众。如果只顾文稿本身的逻辑关系，不顾向听众传达的逻辑关系，那就是抓了"小逻辑"，丢了"大逻辑"。心里装着听众，这就体现了语言传播的人文关怀，这就能更好地发挥播音主持的认知功能。

同样，认知功能的实现也应该是和审美功能的实现同步完成的。因为理性与感性、逻辑的力量与审美的力量是互相依存、互相支撑、互相包含的。张颂称赞夏青"字正腔圆"的播音境界时说："他那明亮圆润、浑厚坚实的声音，他那清晰纯正、韵律悠扬的词句，造就了一种悦耳动听的形式美。这种形式美，产生了先声夺人、引人入胜的听觉效应；仅此，就使人百听不厌，乐此不疲了。"[①]

五、服务功能

从总体上说，播音主持艺术的全部功能都可以用服务功能来概括，因为这是由广播电视服务于人民事业的宗旨决定的。

但是，服务的内容具有广泛性、多样性，除上面我们谈到的几个方面都体现了不同层面、不同角度的服务功能外，还有许多服务的内容和形式，特别是直接关系到社会各方面的需求、直接关系到人民群众切身利益的服务内容，满足这些愿望和需求，有利于增强广播电视的社会效益，有利于增强广

① 张颂：《播音主持艺术论》，中国传媒大学出版社，2009，第 328 页。

播电视与人民群众的密切联系，有利于推动和谐社会的建设。

1998年国家哲学社会科学研究“九五”规划重点项目《中国电视论纲》，把电视节目分类为“新闻节目、社教节目、文艺节目、服务节目”。在这四种节目形态中，新闻节目和文艺节目的界定比较清晰，容易划分；相比较而言，社教节目与服务节目的题材、体裁一直处于不断的调整与组合当中，内容与表现要素频繁交叉、融合，对于主持人的要求及其主持艺术也有许多共通之处，不宜作简单区分。

《广播电视辞典》对生活服务节目的定义是：以实用性内容为主，直接为观众日常生活、学习、工作服务的电视节目。这类节目通过传播信息、解答问题和反映群众呼声，帮助受众解决日常生活、学习和工作中的各种实际问题，为社会提供直接、具体的服务。节目注重实用价值，力求满足现实生活中的各种服务需求。

知识性服务节目，如《鉴宝》《养生堂》《百科全说》《走近科学》《探索发现》《经济半小时》《人与自然》等，在观众中都有较好的、积极的反响。

对象性服务节目，如少儿节目、农民节目、军事节目、女性节目、婚恋节目、老年节目等。《大风车》《智慧树》《聚焦三农》《乡约》《致富经》《非诚勿扰》《半边天》《夕阳红》等，在观众中均赢得很好的口碑。

生活服务性节目，如向观众介绍烹调、保健、美容、服饰、购物、投资、家装、生活小窍门、家电使用保养等家庭生活实用知识，题材广泛，内容丰富，以鲜明的实用性与服务性为观众喜爱。如《美丽俏佳人》《交换空间》《家政女皇》等。

还有教学类节目，是课堂教学的扩大和延伸，把知识性与趣味性结合起来，如《百家讲坛》已经成为中央电视台科教频道的品牌栏目，曾在全国观众中产生较大影响。

还有不少节目无法简单归类，比如《今日说法》，每期集中剖析一个典型案例，以记者外拍的相关调查为主线，或访谈，或演播室连线，邀请法律专家针对案例加以点评、介绍相关的法律知识，以此达到向观众普及法律知识的目的，办得很有特色，拥有庞大的观众群。

上述节目的服务性是不言而喻的，但是节目不能做得枯燥，要把知识性、实用性、服务性与审美性结合起来，寓服务于快乐，这仍然是一条重要经验。如叙事的平民化，内容的情节化，表现的场景化。还有的节目尝试运用轻松活泼的娱乐化表现形式，将竞技、表演、真人秀等娱乐元素渗入其中，让观众在娱乐中获得服务。易中天、王立群、撒贝宁、王小丫、王小骞、李静、孟非、方琼、金星等都正因此成为观众心目中的当红明星。

第二节　播音主持艺术的审美功能

宣传性与艺术性是播音主持创作中不可缺少的，它们构成了播音主持创作的两大支柱，在传递信息、传播美、服务于人民群众的过程中，创造着实用价值和审美价值，发挥着广播电视的优势。新闻传播、信息沟通、教育引导、社会服务等功能要得到很好的实现必须借助于审美化，融入艺术美的因素。同时，艺术本身又具有独立的审美意义和审美价值。播音主持创作中的有声语言，应该给受众以美感；有声语言的包容量、高深度、美学意义，在宣传教育、激励鼓舞人民群众的作用中具有举足轻重的地位，在满足受众的审美需求方面更是肩负着重要而又艰巨的使命。

音声传播是广播电视主要的、共同的传播方式，因此也是受众最主要的审美对象。当那声音或如黄钟大吕、金声玉振，或如淙淙流泉、春风吹拂，或如狂飙突起、波翻浪涌，或如林间鸟鸣、燕子呢喃，或如蒙蒙细雨、幽兰暗香般的仿佛天籁之音传入你的耳鼓的时候，那种振奋激越、沁人心脾、心旷神怡、飘然如进入仙境般的感受是难以形容的。随着传者语言节奏、旋律的展示、情感的融入、思想内涵的开掘、意境的营造、逻辑的推进，受众也从感性直接向意境深层进发，向认知共识和审美愉悦共鸣的高层抵近。随着岁月的流逝，人们可能已经忘记节目播出的内容本身，但是音声的魅力、语言表现的魅力会永恒地留在人们的记忆之中。

电视出现以后，音画同步的特点把播音员主持人推向前台，使其直面观众。因此除了音声审美，形象审美也成为另一重要的审美内容。人们不仅需要通过声音感受大国的气魄，而且还要通过播音员主持人向观众展示出一个世界东方大国的政治、经济、文化强国的形象、气质、风度。这样，播音员主持人的形貌、神态、语气、站姿、坐态、举止、表情、着装、配饰乃至化妆，都被赋予了远远超越其自身的意义，寄托着观众更多、更高的期待。人们会对播音员主持人的综合形象提出包括审美价值取向的更高的要求。这个要求是合理的，也是必需的。

"德才兼备，声形俱佳"，修之于内，形之于外，形美与神美完美统一，这是广播电视对播音员主持人的要求，也是广大受众的要求。

从节目开始到节目的推进，直至节目的完成，播音员主持人的人文修养、文化底蕴、专业素质、艺术风格及其感受力、判断力、操控力、展现力、引导力、应变力等都会成为整个节目的内在支撑，并在一定程度上在某些方面被呈现出来，从而给观众带来一个完整的审美印象。成功的播音员主持人会在既定的时间空间中，把观众带入一个卓越的审美世界，让观众在审美愉悦中潜移默化地得到心灵的审美陶冶，乐而忘返。

在广播电视各项工作中，播音主持处于前沿和纽带的位置；当然，播音主持离不开其他各部门的支持，这是毋庸置疑的。但是，播音主持是一个重要而又特殊的岗位，播音员主持人是特殊岗位上的特殊专业人才，除了对人才的一般的、共性的要求之外，对他们还有着特殊的要求。中国传媒大学教授、博士生导师张颂在《给报考播音主持艺术专业同学的一封信》中说："首先，自己的基本条件如何，有哪些优势？包括既有竞争的实力，又有发展的潜力。其中，有先天具备的，如嗓音、口齿、五官、形体、悟性；也有后天习得的，如普通话、唇舌力度、理解能力、文学修养、即兴表达、临场反应等。有些是不能改变的，经过练习也不会提高多少，千万不要勉为其难。其次，播音主持专业的要求是不是清楚了？哪些硬性规定不能降低，哪些弹性要求越强越好，如声音好、形象好、个子高、反应快。没有歧视别的同学的意思，而是广播电视的特殊需要，必须优中选优。达不到这些要求的同学，就不要报考这个专业了""播音主持专业，对于优秀的高级人才的需求是紧迫的、长久的。那标准，主要是‘德才兼备，声形俱佳’。做播音员主持人，应该是品德高尚的人，忠诚坦白的人，还应该是语言规范、表达精妙的人，形象端庄、气质高雅的人。”[1]张颂老师并不是给有些同学泼冷水，而是对他们爱护、负责任的一种表现。因为，播音主持需要的是一批特殊人才，有些是先天注定无法改变的。有些同志以极端的个例否定这一点，以极少的特殊代替一般，代替普遍性，是偏狭的、不科学的。

对播音主持来说，新闻性是它的根本属性，艺术性是它的重要属性，这就决定了它的功能的服务性，是以政治宣传、舆论引导为代表的社会功能与审美功能的科学、统一。政治性、新闻性必须落实和融合到音声性、艺术性上，才能宣传得好，使人愿意接受。音声性、艺术性必须以政治性、新闻性为灵魂和血脉，才有生命的活力和前进的动力。播音员主持人不等于一般意义上的语言工作者、艺术工作者，更不能混同于演艺明星、搞笑大王。

值得注意的是，现在有些播音员主持人不肯在苦练基本功方面下功夫，责任感不强，态度也不认真，播音时出现种种错误几乎成为常态，并且不以为然。我们记得，那些老一代的播音员，对那些篇幅很长，而且临时送来，几乎没有时间准备的重要稿件，他们也能做到一字不错而且成为他们的常态。这种现象对比，是很令人深思的。要知道，现在的播音环境、播音条件不知比那个时代好了多少。像齐越、夏青、林如、葛兰、方明、铁城那样，在听众心里留下“永不消逝的电波”的播音员今天出现了多少呢？伟大的时代，是需要和造就大师的时代，播音主持艺术呼唤大师的出现。

在主持人方面，出现的问题似乎更多。有的人在快餐文化的消费中靠媚俗浪得些许虚名，于是飘飘然起来，视观众为阿斗，失去政治底线和道德操守，引起观众强烈不满。有的把庸俗当幽默，把恶俗当聚集人气、招徕眼球的招数，以致很多观众反映这些充斥荧屏的伪艺术给他们带来了“审丑疲劳”。

最近，继“中国诗词大会”之后，“朗读者”再次爆棚荧屏，观众纷纷为节目叫好，为主持人董卿叫好、点赞，呼吁这样高品位的文化节目应该成为

① 张颂：《播音主持艺术论》，中国传媒大学出版社，2009，第 126—127 页。

节目的主流。可以把这一现象视为对那些低品位节目的反驳与拒斥，也反映了当下中国观众对广播电视节目较高的文化品位、艺术品位的强烈追求。

在广播电视的播音主持创作中，播音员主持人既要了解社会、扎根人民群众，做受众的知心朋友，又要站在国家媒体的高度、政治的高度、艺术的高度引领时代风尚，弘扬优秀的民族文化传统，打造精品节目，不断强化播音主持作品的思想性、艺术性，在节目的社会功能与审美功能的高度统一上下功夫，以无愧于时代，无愧于党和人民的重托。尤其是代表国家、民族形象的国家级媒体——中央人民广播电台和中央电视台，更不能自降规格、自降身价地迎合一部分审美趣味不健康人群的需要，不能不顾传播社会主义先进文化、传承优秀的中华民族传统文化的历史使命，不顾广播电视语言传播自身的规律，不加分析地俯就市场经济的某些商业化行为，加入制造低端文化产品、泡沫式文化快餐以及那些伪艺术、伪文化的产品行列中去。相反，不论在政治上，还是在艺术上，都应该纵观历史，放眼未来，勇立时代发展的潮头，瞄准社会主义先进文化的方向，咬定青山不放松，坚守文化自觉，坚定文化自信，“不畏浮云遮望眼，只缘身在最高层”，发挥最大的创造潜能，创作出深受人民群众欢迎和喜爱、经得起时间检验、具有中国民族风格民族气魄的优秀文化产品奉献给大众和这个伟大时代。

第二章 播音主持艺术的审美特征

播音主持既是一项社会实践活动，同时又是一项艺术创造活动。

说它是一项社会实践活动，是因为它是因应人类社会发展的需要并依托科技发展的成果提供的现代传播手段而产生的，具有实践的动机、日的、任务和要求，为社会发展服务。

说它是一项艺术创造活动，是因为它的内容具有人文性，它的手段、方式具有艺术性，它的效果具有审美性，它的要求具有特殊性，这种特殊性又具有不可替代性。

这项工作不是随便什么人都可以胜任的。

首先，播音主持的“播”，并不是“念”和“读”的同义语，也不能等同于日常生活中的说话。广播电视的有声语言传播，以其科学精神的阐发、人文精神的关怀吸引受众、感染受众。然而，科学精神的真谛，人文精神的丰富内涵，常常不在词语表层，而是潜藏在、蕴含在“不在场”的深层之中。这就需要播音员主持人以有声语言特有的表现力加以显露和昭示。这种显露和昭示，需要专业性极强的语言功力，它至少包括观察力、捕捉力、感受力、理解力、判断力、表现力、鉴赏力、调控力、回受力等，统而言之，就是对有声语言的驾驭能力。具有这种超强的语言功力之后，才能在语言传播过程中使有声语言超越“稍纵即逝”“过眼云烟”的迷雾，进入“意在言外”“余音绕梁”的境界。

有了这样强的语言功力，并不等于可以入职播音员主持人的行列了。因为还有很重要的一个方面，就是声音面貌的问题，是否字正腔圆，是否悦耳动听，是否声情并茂，声音是否有特点、有个性、有穿透力。因为，人文精神的音声化是广播电视语言传播的基本功能，它不仅要给受众带来思想的、精神的、知识的滋养，还要给受众带来声音的美感享受。受众有权利提出这样的诉求，也是合情合理的；否则，就会大大削弱媒体的吸引力、影响力。

声音好，还不行，还有一个形象问题，也就是身材容貌的问题。这就是“声形俱佳”的要求。1960 年，当时北京电视台（中央电视台的前身）没有一位专职的男播音员。后来由于周恩来总理的关怀和批准，有关部门会同北京市在全市应届高中毕业生中挑选，在上百所中学里挑选了一千多个高中生应试。时任北京电视台副台长的孟启予回忆说：“在半年多时间里，每天都有一批中学生试镜。同学们并不知道是干什么，每个人都规规矩矩地坐在演播室的摄像机和话筒前试镜，我和几位专家挤在狭小的导播室内，从监视器上进行观察。有的一看就过了，有点苗头的则要多试几遍，唯恐漏掉人才。在成百上千的中学生里，有一位小伙子引起了大家的关注。翻来覆去地正面瞧、侧面看，读段报纸，唱几句歌。这么试，那么试，从言谈举止到形貌声音，都比较突出，大家都认为可以录取这个小伙子。他就是我国第一位男电视播音员赵忠祥。”[①] 当然，选拔播音员主持人不是“选美”，但五官端正、举止大方、气质高雅却是对电视画面上的媒体人物的必然的、基本的要求。再高深的素质，如果五官不正、缺陷明显，也是不宜于“出头露面”作为媒体人物在电视上出现的，作为视觉美感的要素，这也是观众的要求，媒体为观众提供的审美享受应该是全方位的，这也是尊重观众的表现。

从功能角度看，播音主持除了其他功能以外，还具有传达感情、形象生动、陶冶情操、感染受众的功能；具有规范和美化语言，建设语言文明以及语言表达的审美示范作用。播音主持创作集新闻、语言、艺术、技术于一体，具有创造性和多质性。祝捷认为，播音创作的主要特点，“包括：创造和再造的双重性、创作素材的二度性、创作手段的声像性、交流对象的虚拟性、吐字发音的规范性、感情表达的真实性、创作实践的时效性、创作范围的社会性、接受方式的个体性、创作活动的日常性、强烈鲜明的时代性”“播

---

① 周迅：《大海的一朵浪花——孟启予的广播电视生涯》，中国广播电视出版社，2008，第 145 页。

音主持工作的重要性和专业性，使播音员主持人成为人力资源中比较稀缺的专门化人才，需要系统、科学、合理的评估标准体系来有效地进行甄别、选拔。专业人才选拔的需要与选拔实践为播音主持评估标准体系的形成与发展提供了现实前提”。①

以上分析，旨在说明播音主持是一门“艺术”，是源于生活又高于生活、适应特殊需要而区别于其他艺术门类的艺术形式。因此，研究和探讨播音主持艺术的审美特征就成为题中应有之义。

第一节　播音主持艺术的规范性

规范，即规矩、限制的意思。一切艺术形式都有自己的规范，它是在艺术自身的产生和发展过程中逐渐形成的，是艺术规律的体现，并且在时代的演进中延续、变化、发展。

“不以规矩，不成方圆”，中国这句古老的俗语是具有真理性的常识，具有超越时空的普遍性意义。“手眼身法步”的要求，唱腔的类型化，表演的虚拟化、程式化这一系列的规矩成就了中国戏曲，而每一剧种又以自己的特殊规矩和个性而区别于其他剧种。如果取消了规矩，戏曲及中国戏曲的若干剧种将不复存在。同样，“说、学、逗、唱”这四项基本功也是相声艺术的规矩，“抖包袱”制造笑点是相声喜剧形式的主要手段之一。没有包袱，或有包袱抖不响，喜剧效果就出不来，观众就不买账。来自生活，来自民间，但要经过选择、加工、创作，达到较高的思想、艺术品位，相声才能生存和发展，才会有观众。上述种种，都是相声必须遵循的规矩。同样，各类体育竞技活动、体育比赛，都有自己的“规矩”及由此衍生的裁判标准，一旦规矩取消、失去限制，也就没有了标准，各类体育竞技比赛也就失去了自身。

播音主持艺术有自己内在的规律性，因此必然形成符合规律性的规范。

第一，是语言文字规范。

① 祝捷：《中国播音主持评估标准体系发展研究》，中国广播电视出版社，2013，第 49 页。

早在1955年10月26日《人民日报》的社论《为促进汉字改革、推广普通话、实现汉语规范化而努力》中就明确指出："电台播音员、电影和话剧演员，他们也都是语言规范的宣传家，每天有无数的观众和听众有意识地或无意识地在向他们学习。他们在普通话的推广上，过去已经有过很大的功劳，今后在全国范围内有计划地推广普通话的情况下，他们将起更大的作用，自然也就必须加强自己的语言的规范性。"

1994年10月，国家语委、国家教委、广电部联合发出《关于开展普通话水平测试工作的决定》，指出："普通话……是以汉语传送的各级广播电台、电视台的规范语言……要在一定范围内对某些岗位的人员进行普通话水平测试，并逐步实行普通话等级证书制度"；目前，中央人民广播电台、中央电视台规定，普通话播音主持人员须取得经国家语委复审通过的普通话水平测试一级甲等证书。

对播音员主持人来说，必须坚持国家通用语言文字的规范，坚持使用普通话的语音规范、词汇和语法规范。因为，传播学告诉我们："符号共享是传播的基本前提""我们所需要的是一种高度发展的语言，我们所需要的是一个统一的、普及的、无论在它的书面形式或是口头形式上都具有明确的规范的汉民族共同语"。①

同时，规范是审美的基础。规范，是既符合规律性的"真"，又是合目的性的"善"，而真和善是美的前提。不符合规范就是错误，错误的东西怎能具有审美价值呢？不规范的传播行为是一种污染，它污染语言自身，又污染语言环境。

所以，在规范问题上，必须坚持无差错标准。在语音、词汇、语法、语流乃至于常识、知识、观点、论点等方面都不允许出现差错，要在差错率降到最低程度的基础上争取杜绝。1948年5月25日，陕北新华广播电台编辑部主任温济泽向播音员齐越传达了毛泽东主席的指示："此文不要播错一个字。"齐越准确、完整、规范地播出了毛泽东撰写的《一九四八年的土地改革工作和整党工作》，这是在毛泽东亲自指示下，准确、规范、出色地完成播音任

① 胡明扬：《我谈语文规范化》，《语文建设》1993年第7期。

务的一个范例，被广播界传为佳话。毛泽东谈到了播音员主持人的评价标准："要立场坚定、爱憎分明；要认真做好广播工作；语言要准确、规范。"①

第二，在运用语言的表达上，要符合明晰性的规范和审美规范。

所谓明晰性，就是发声科学，吐字归音准确，声音饱满圆润、清晰洪亮；语意、章句、思路、逻辑、感情、态度、目的、对象、分寸、描写叙述评论等，必须清楚明晰，做到表达快而不乱、慢而不断，不含混不清，不模棱两可。

所谓审美规范，就是珠圆玉润，字字珠玑，声情并茂，感情真挚，态度真诚；不敷衍，不做作，不故作多情、故弄玄虚，不妄自尊大，不媚俗。要在表达技巧、艺术处理等方面，做到审美观照，表现出健康、高尚的审美情趣。

第三，在副语言的表达运用上要准确、合度、恰当，不脱离规定情境，不脱离语言样式，不脱离受众期待。包括着装、发型、站相、坐姿、举手投足的动作幅度、速度以及眼神、表情变化的运用与控制等内容。

第四，"荒腔走板"，是人们对违反规范、不合规范的批评与否定。有的人打着"生活化"的旗号，竭力反对语言的规范化，把规范化看作刀斧绳墨以消解规范，是很有害的。说某人嗓音条件很好，唱歌跑调也很好听、很美，这难道不是很荒谬的吗？学习太极拳的理论和实践告诉我们，初学者必须在老师当面指导下一招一式地学，这一招式学得不标准、不到位、不规范，不能学下一招式；如果马虎过去了，就会掉入"学拳容易改拳难"的沟壑，甚至一辈子都不能登堂入室。这道理都是相通的。规范不是束缚，恰恰是规范为艺术创造提供了自由翱翔的广阔空间和表现天地。

第二节　播音主持艺术的音声美

"音声"和"声音"有什么区别呢？查查《现代汉语词典》，"音"字的第一个义项解释为"声音"；再查"声"，第一个义项的解释也是"声音"。

① 祝捷：《中国播音主持评价标准体系发展研究》，中国广播电视出版社，2013，第9页。

这样看来，二者并无根本区别。好像不过是位置调整了一下而已。但我觉得“声”和“音”在具体的语言环境里，使用还是有区别的。比如说“上音乐课”与“上声乐课”就有区别；又比如说“他的音准把握得很好”，就不能说“他的声准把握得很好”，太别扭了。再比如，我们说“音品”“音质”“音色”中的“音”就不可以用“声”代替。笔者之所以称作“音声美”其实并无深义，只是觉得“音声美”的说法更突出了一个“音”字。当然，“声”“音”在很多情况下是通用的，至于它们在构词使用方面的种种情况，很多大概与汉语约定俗成的特点有关。

《现代汉语词典》（第7版）这样解释音色：“声音的特色，是由发声物体、发声条件、发声方法决定的。每个人的声音以及钢琴、提琴、笛子等各种乐器所发出的声音的区别，就是由音色不同造成的。也叫音质。”

解释“音质”时，第一义项同“音色”。第二义项是“传声系统（如录音或广播）上所说的音质，不仅指音色的好坏，也兼指声音的清晰或逼真的程度”。

我们讲某人说话或唱歌的“声音好听”，一般主要是针对他的“音质”或“音色”而言的。一般来说，音质的优劣特征具有先天性，后天的改变是十分困难的。后天的技术、技巧可以通过刻苦的学与练而习得，但先天的“音色”是可遇而不可求的。美而且有特点，少。这恐怕是称播音员主持人在人力资源中具有“稀缺性”的重要原因之一吧。

音质、音声的美与不美有什么衡量的标准呢？可以说没有，也可以说有。说没有，是因为它是难以量化的，不可能有一个固定的统一的标准付诸实际操作；说有，是因为从孟轲到毛泽东都承认有“共同美”的存在。也就是说，对美的感受、判断、鉴别、理解具有超越时空，超越阶级、民族、社会人群，超越意识形态等的特点的一面。戏曲、曲艺、音乐、绘画、书法等那些被奉为大师的代表人物，他们头上的光环、“大师”的头衔不是花钱买来的，而是在比较中鉴别，在众声喧哗中发现，经由历史的淘洗，业界及欣赏艺术的普通大众形成的社会共识。所以，不能因为没有具体的标准就否认音质、音声高下、精粗、美丑的差别。这种社会共识是建立在判断者的审美直觉的基础之上的。审美直觉是欣赏者运用全部审美经验投身于对象之后的总体把握和总体印象。德拉克罗瓦说："一个画面首先应该是对眼睛的节日。"塞尚说："一幅画首先是、也应该是表现颜色。历史呀，心理呀，它们仍会藏在里面，因为画家不是没有头脑的蠢汉。"

谈到艺术直觉，余秋雨举例说："在旅游中，当我们突然遇到一个美景时，是不会先一个局部、一个局部地分析了山水组合状态、地理地貌品类之后再确定它美的。我们总是立即地、整体地、本能地直觉到它的美之后，才会慢慢做一些分析，而无数次经验证明，这种分析常常是苍白无力的，许多被分析成它之所以美的原因性因素，往往在不美的对象身上也存在，而许多特别美妙的部位则又往往是无可评说，无法分析的。"据此，他又谈到艺术的审美评价问题："我们更加关心的是艺术欣赏中的直觉。不管哪一种文艺演出的评奖活动，最合乎情理的做法应该首先是精心选择一批有可靠的艺术感受力的评奖委员，然后在看完演出的当时，就让他们各自打下'直觉分'。这些'直觉分'的平均数，就是一种相对公平的裁决。"①

是的，当我们从广播里听到一位播音艺术家的播音或朗诵时，首先就会被那富有美的魅力的声音所吸引、所感染、所征服。我们观看戏曲表演，那些戏曲名家的唱词你不一定听得明白，但你仍会陶醉在那无比优美动听的唱腔之中。中国传媒大学播音主持艺术专业招生，吴郁教授曾提出"有声，上像，内涵深"的总体要求。所谓"有声"，就是指声音圆润、响亮、悦耳、动听。"有声"和"上像"是"入场券"；内涵当然很重要，但有一定基础，通过不断努力是可以逐渐提高、日益强化的。那音声之美，的确是可以给人一种"此曲只应天上有，人间难得几回闻"的审美愉悦的。

音色好，只是提供了一个前提条件，并非音声美的全部，音声美还要经由人的控制、掌握和运用科学的发声方法及表达技巧，比如对胸腹式联合呼吸方法和口腔控制要领、吐字归音要领、共鸣要领的掌握，对声音弹性的把握，对停连、重音、语气、节奏的把握等，这些方面处理得好，才具有完整意义上的声音之美。张颂把这种有声语言外在美的表现归纳为：音韵铿锵、

① 余秋雨：《艺术创造工程》，上海文艺出版社，1987，第178—179页。

掷地有声；刚柔相济、酣畅淋漓；平仄相间、抑扬交错；缓疾有节、强弱互补；明暗相映、浓淡对比，显示出悠长的韵味与声音的悦耳动听。

所谓音韵铿锵、掷地有声，是指发音准确到位，清晰明亮，音质优美纯净，有金石之声。所谓酣畅淋漓，是指辩证地处理好情、声、气之间的关系，“情取其高，声取其中，气取其深”；以气托声，以声传情，声情并茂，舒卷自如。而刚柔、平仄、抑扬、缓疾、强弱、明暗、浓淡等均属于对立统一、互相区别又互相依存互相转化的双方，能够依据情感内容变化的需要结合运用，做到自如性与控制性相统一，规整性与多样性相统一。刚柔等范畴的两极的区别是明显的，交替变化使用一是适应情感内容变化的需要，二是避免声音语气、语调、语势的单一导致审美疲劳。同时，两极之间又无截然的分界，而是有若干个过渡的阶梯，这就为选择提供了充分的空间，为声音的变化提供了无限丰富性的可能。比如，缓疾、强弱、明暗、浓淡等都是有度的分别的，缓到何种程度、疾到何种程度，完全取决于表达的需要和传者的掌控。不同的传者有不同的理解和不同的语言表达功力，于是就有了优劣、精粗、高下之别。

音声虽然具有形式美的独立性价值的一面，但它毕竟是依附于特定内容的表达的，它们的关系是内容决定形式，形式为内容服务又反作用于内容。所以，音声的使用首先要从语材的实际出发。

以内容体裁为例。

在文艺作品演播中，政治抒情诗一般在表达上要充满激情。声音饱满，在音高、音强、音长方面都比较丰富，节奏起伏变化较大，多用层层推进的表达方式来宣泄内心的激情；而一些朦胧诗、哲理诗的表达，在处理上应求声音的稳实，声音、节奏等对比幅度一般不大，语速较缓，多停顿，以引发听众思考、体悟诗义的内涵；爱情诗的表达可以声音柔美、情感细腻，音量不宜过大，声音也不宜过高、过强，以利于表现作品的内在情致；对于有情节内容的叙事诗，则应该读得自然和真挚，既有诗的基本节拍，也要具有讲述的自然感，节奏随着内容、情节的变化而多变。

散文多为第一人称叙事，亲切、真实、自然，或如家人围炉夜话，或如好友书斋谈心，或如道边席地而坐与恋人倾诉衷肠……散文的写作角度、写作方式决定了它的表达特征，不应是强烈多变、大起大落的语言样式，而是如淙淙流淌的山泉，不择地而出，随物赋形，自由奔涌。在演播时，具体用声与表达要轻柔化，表现为声低、语轻、内在、细腻、真挚，语流舒缓，点染得体，在不动声色中给人以美感享受。

小说是以叙述事件、塑造人物为宗旨的。在演播过程中，播叙述语言宜用中速，采取较为客观、平静的方式处理；而一到播人物语言时，就应依人物的身份、性格及所处情境处理得活灵活现、情浓意切、栩栩如生。二者也不能截然分开，叙述语言本身也有快慢、高低、刚柔、明暗等不同节奏与情感色彩的变化，也有传者感情的渗入，这是不言而喻的，所以处理应据内容而定，不可偏执。有时，根据情节的需要，还需要加入一些声音的模仿，使人物形象、环境描写更加生动逼真，从而给人以身临其境之感。

新闻播报又有自己的特点。

播讲式，语言规整简练，流畅自如；既带有报告新闻的振奋、准确与简洁，又保留了自然语势的自如曲线运动，是一种介于口语谈话和宣读中间的语言样式。

播读式，语言规整性要求严格，语流速度相对平缓，字正腔圆，口腔力度较大。它的吐字归音、语句停连的处理较为规整，气息控制也较匀畅沉稳，声音坚实、洪亮。

谈话式，较播讲式、播读式灵活自然，语气稍松缓，交流感比较强，使受众增进了一种贴近感。在词语组织上更加口语化，比如更多地使用简单句和短句，使用惯用词和听觉容易分辨的词等。但是，谈话式对规整性、简洁性、流畅性都还是有要求的，不能把口语中的“杂质”随意带进来，那样会降低新闻传播的质量，影响新闻传播的语言示范效应。

以上，我们仅仅是从“语材”的体裁角度来谈的。实际上，音声化的制约因素还有多个方面。因此，播音员主持人在追求音声之美的时候，一定不能让声音形式游离于表达内容，而是要让声音形式和传播内容融为一体，成为出色地表达内容的“有意味的形式”，这才具有真正的审美价值。张颂这样告诫我们说：“凡是有色彩的声音，一旦与语言内涵紧密结合，就会生发出引人的魅力，而只要陷入声音表面的追求，就会走到美的反面去。”[①]

第三节 播音主持艺术的意蕴美

任何艺术作品都是内容与形式的“化合物”，内容与形式是不可剥离的。内容的核心就是意蕴，艺术作品的意蕴，也就是艺术作品的精神内核、灵魂和发光发热的能源。它在艺术作品中并不单独、直接地显露在外，但又在作品整体的每一部分都可以发现它的踪影。如果把意蕴比作能源，他会凭借着形象、情节、结构、语汇，凭借着各种外部呈现方式，渐次获得实现。1870年，《战争与和平》的作者列夫·托尔斯泰在私人笔记里写下了这样一段话：

诗歌是一团火，在人的灵魂里燃烧。这火燃烧着，发热发光。

有人感到发热，另外的人感到温暖，第三类仅仅看见发光，第四种人连光亮也看不见。而大多数，即诗人的审判官们，决不会感到发热和温暖，他们只看见光亮。他们都以为，诗歌的事业仅仅是发光。……但是，真正的诗人不由自主地、痛楚地燃烧起来，并且引燃别人的心灵。而这便是全部文学事业之所在。

托尔斯泰借由比喻所作的论述可谓形象而贴切。对此，艺术理论家余秋雨作了如下十分精彩的分析评论，他说：

如果把艺术作品比作火，把艺术创作比作燃烧，那么，确实有不少艺术家只注重光的呈现而忘却热的发射。光，抖动着，跳跃着，闪烁着，直接映入人们的眼帘，以最明晰的形态显示着火的存在，但它毕竟不等于火的全部。艺术，不是仅仅满足人们的观赏需求，而应该给人带来热量。光的意义，在于它蕴藏着热。它要让近距离的人受到烛照而随之发热，让距离较远的人也能获得温暖。在伸手不见五指的荒山野岭，一星火光，之所以给旅人

---

① 张颂：《播音主持艺术论》，中国传媒大学出版社，2009，第185页。

带来极大的欣喜，是由于它预示着暖融融的房舍、热腾腾的火炉。如果旅人们到前一看，只见几朵幽蓝的磷火，则一定会大失所望，只能抬起头来，重新寻找真正的火光。

当然，不呈现为光亮的热能也是有的，但它大多只具备物理学上的意义，而缺少全方位的审美价值。艺术之火，要从摇曳多姿的形态腾空而起，烈烈扬扬，来吸引在黑暗的长途和波浪中迷路的人们；但这种光亮，由热而生，凭热而燃，因热而取得更完满的自身意义。

不言而喻，我们所说的热，是指能够温暖千万人心的内在意蕴，是指蕴藉于艺术生命体内的精神能量。①

意蕴既然是艺术形式包裹着的内核，文字只是透露出意蕴的某些部分信息，那么，如何运用有声语言即人文精神音声化的方式准确、完整地把握，并充分地把这意蕴展示出来，就是播音主持的一项重要任务。

首先，播音员主持人要透过作品的文字层面深入探寻作品的立意，主旨、作者意图及作品所传达的思路、情感；是从字词句到段到篇，厘清作品的结构层次和逻辑关系，即由局部到整体，然后再由整体到局部，弄清局部在整体中的位置与作用以及部分与部分是怎样的关系，作者的思路是什么，是怎样的风格，隐藏在语句背后的弦外之音、言外之旨是什么等。陆机在《文赋》中所说的“或因枝以振叶，或沿波而讨源”，也可以用来概括消化、理解作品的整个过程。把握意蕴是展示意蕴的前提，把握这个环节做得如何关乎展示的成败。这个过程，对播音主持来说，就是备稿。

对于备稿的重要性以及备稿在当前的播音主持创作中遭遇忽视的情况，方明在接受访谈时说：

“播音员主持人第一位要掌握的是内容而不是形式，所以前提是一定要对内容做好充分的准备。……备稿，延安时期起老播音员就教育新播音员要认真仔细备稿。新中国成立以后，夏青、葛兰、林田、潘洁、费寄平也教导我

① 余秋雨：《艺术创造工程》，上海文艺出版社，1987，第53页。

们要仔细认真备稿，我参加播音工作以后因为没有仔细备稿曾经遭到齐越老师的严厉批评。如果不仔细认真备稿的话念出来的只能是字而读不出意思。现在从记者、编辑到播音员主持人都不重视备稿，拿到稿子就播是目前不少节目的运行机制。有人认为对于稿子一遍不看播出去一字不错才是真本事，提前看稿是没有本事的。这是一种把没有任何准备的生活常态的表达等同于贴近实际、贴近生活、贴近群众的错误认识。我们曾派代表团到美国学习先进经验，发现美国的主持人是有专门的备稿时间的。我们原本也有，现在为什么越来越不重视甚至变得没有了呢？由于备稿不认真、不充分，现在的播音对于稿件的表达仅仅停留在表面，播得不深的问题非常严重，特别是对于中央的方针政策以及外交活动中的深度、分寸，很多播音员不能在节目中恰切地体现出来。”①

其次，还要掌握、了解受众的情况，包括受众的特点、审美需求。然后结合节目的特点、要求，自己的条件以及对文本的理解，设计表达的语气、策略、风格、方式等。

对于有稿播音来说，这是一种再创作的过程，是人文精神音声化的具体操作。它需要传者具有较强的语言表达的功力，需要有饱满的创作情绪，状态上松弛而积极，有活力又可控制，需要有相应的感情的投入，需要发挥创造性思维的能力。音声化不是字变音的简单变化，同样一个字、一个词、一个句子，可以变成多种声音形式，既可以是肯定的，也可以是否定的，既可以同义同向，也可以反义异向。能否正确并且到位地把文本固有的内涵充分表现出来并“锦上添花”，不同的传者会有差异，甚至有很大的差异。想一想同是演老舍的《茶馆》，为什么北京人艺的成功演出为别的演出单位无法企及？剧本可是完全相同的。可见，语言传播和文字传播是不同的，它有自己的规律。语言传播具有流动性，它使一个一个的字互相衔接转变为一层一层的意思，完整地、有层次地表达出来，词语晓畅，主次分明，逻辑清楚，无违拗，不生涩，听来是真正的活语言。语言传播具有确定性，要求每一个

① 刘卓：《永不消逝的电波·方明老师访谈录》，《播音主持艺术》2011 年第 11 期。

字词的含义在具体语言环境中都表达确定的语意，不含混，不模糊，态度明朗，感情恰当、丰满。成功的播音员主持人的艺术创造，总是以传达意蕴为目的，点燃艺术之火，以摇曳多姿的形态腾空而起，烈烈扬扬，传递着由热而生的温暖和光亮；总是遵循有声语言的规律，在另一向度完成对文字作品的超越，让人由衷地感叹“三分文章七分读”。

对于无稿播音、现场主持来说，要在事前全面充分准备的基础上，发挥敏捷的反应能力，深入现象洞察事物本质的能力，逻辑思维、形象思维、创造性思维综合运用的能力，迅速组织词语准确表达的能力，熟练地运用副语言辅助表达的能力进入创作过程。不仅能出口成章，而且言必及义、语必中的；丰富凝练，余味曲包；睿智精警，雅俗共赏，使观众在美的享受中醒脑开智。所谓“锦心绣口”“思风发于胸臆，言泉流于口齿”，不正是对这样的艺术状态极好的概括吗?

第四节 播音主持艺术的分寸美

表达的分寸美，就是指表达恰到好处、恰当贴切、分寸合度。有道是“过犹不及”，“过”“不及”都是失去分寸，从而远离表达效果的表现。犹如穿衣，长了不行，短了也不行；胖了不行，瘦了也不行；总之，得合体。也就是“中规中矩”，合乎绳墨。这里面，包括思想认识的问题，文化积累的问题，社会知识与经验的问题，语感能力强弱的问题，语言反应的敏感度问题。比如政策分寸的把握，我们作为党、政府和人民的喉舌，宣传党的路线、方针和各项政策是我们的重大责任，广大受众需要及时地、准确地了解、理解这些政策，这是他们普遍关注的，也是党的政策是否能够得到迅速贯彻落实的重要环节。我们在阐释这些政策内容时，就不能走样，“过”与“不及”都是不行的，这就需要传播者具有极高的政治素质和政治理论水平，首先自己要吃透，这就是思想认识、理论认识的问题。以己昏昏，使人昭昭，是办不到的。政策宣传具有政治的严肃性，信口开河、似是而非、模棱两可、插科打诨的现象决不允许。但是又要善于传播，宣传要生动活泼、深入浅出，让受众乐于接受、易于接受，这就对播音主持提出了很高的要求。中共十二大期间，邓小平说："不管多么缭乱的文章，一旦排成铅字就顺眼多了，再由播音员一念，又增色许多。"① 王震对中央台播音员说："你们宣传党的方针、政策，是有贡献的。听众是喜欢听的。"② 这是对播音员主持人宣传党的方针政策的成绩的肯定，也是鼓励和期待。

基调的把握也要恰切，合乎分寸。基调，原指音乐作品中主要的调，作品通常用基调开始或结束。在播音主持创作中，指贯穿始终的主要的语气、语调。基调的选定主要看内容。比如，1976 年 9 月 9 日毛泽东主席逝世，举国震动，一片哀痛。夏青接到了播送《告全国人民书》的重大任务。夏青当时在中央人民广播电台的播音室里，接到稿件，声泪俱下，万分悲痛。播出在即，选用怎样的基调？他意识到，毛主席是全国各族人民的伟大领袖，是中华人民共和国的缔造者和领导者，他的一生是革命的一生、战斗的一生、波澜壮阔的一生，深受全国各族人民的爱戴，所以播音基调应该是沉痛、舒缓，同时又是坚定有力、具有大国气度的。播音员要在《告全国人民书》的播发中，代表中国共产党和中国政府评价自己领袖的一生和光辉业绩，要带领全党、全军、全国各族人民，化悲痛为力量，继承毛主席的遗志，把我国社会主义各项事业继续推向前进，要表达出坚定的信心和坚强的决心。基于这样的理解，夏青成功地播出了《告全国人民书》，成为中国播音史上一个经典之作。

1986 年，姚喜双同志在中央人民广播电台参加播音实践。一次他拿到了这样一条稿子给夏青老师试播：

新华社消息：中华人民共和国政府照会日本驻华使节，谴责日本文部省在修改教科书时篡改侵华史实，把侵略中国说成是进入中国……

姚喜双回忆说："我在播出这条消息时注意到了态度要鲜明，对其进行

① 杨波：《中央人民广播电台简史》，北京广播学院出版社，2000，第 311 页。
② 杨波：《中央人民广播电台简史》，北京广播学院出版社，2000，第 315 页。

了强烈的谴责。夏青老师听过录音后，首先肯定态度是鲜明的，但他又说，播这条消息时，既要有态度、感情鲜明，不能对日本篡改侵华的史实无动于衷，又不能以剑拔弩张、如临大敌之势去播。后者就是分寸过火了，失去了大国的风度。他认为，播音员播这样的消息，是代表我国政府发言，通过播音员的声音体现出来的态度、感情，不光是反映我国的立场，也体现出我国的风度和气度。我国在国际事务中，不光要处理同日本文部省的关系，还要处理同中日友好协会的关系；不光要处理同日本的关系，还要处理同美国、同苏联的关系，同欧共体和第三世界的关系；不光处理外交关系，还要处理经济、政治、文化、科技、体育等各个方面的关系。中国是一个大国，要有大国的风度和气度，遇事要沉着稳健，任凭风浪起，稳坐钓鱼船。中国政府处理这件事，既要认真对待，又要让人感到游刃有余。处理这件事的同时，又要让人感觉到完全有能力处理其他事情。所以，如果按那种'如临大敌，剑拔弩张'的态度播出，会让人感到中国政府全力对付日本修改教科书这件事，甚至一切都不顾了。这样就没有反映好我国政府的形象。夏青在示范播出时，既有明确观点和感情，又以稳重坦然的态度表达。为了显示这条消息的分量，他语速稍慢，声调不高，声音不飘，句首出口稳健。为了显示分量，他只将'照会'二字上扬加重，予以突出，其余所有语句并未追求表面的严厉，听去只是摆事实讲道理的语气。这样，既表达出了分量，又把握住了分寸，虽未有表面形式的'剑拔弩张'，确又给人以内在的威慑力。"①

人文道德分寸的把握也是很重要的一个方面。我们提倡人文关怀，首先是对人的尊重，关心人、爱护人、帮助人；一事当前，首先顾及对方的需要、对方的利益、对方的反应。这方面分寸的把握，直接反映着传者的文化道德修养和人格形象，会对当事人（如接受访谈者）和受众产生正面的抑或负面的影响。

在一期节目录制中，赵忠祥去精神病院同一位女患者（小学教师）交谈。事先准备的问题是：你什么时候得的精神病？到了现场，他临时改为："你在

① 姚喜双：《播音风格探》，中国文联出版公司，1992，第 111 页。

医院住了多久了?”并和蔼、委婉地说:“住院前觉得怎么不好?”没想到这位患者说道:“最近快出院了，我非常想念我的学生。我真想能快一点治好病，能为孩子贡献我的一份力量。”话语感人，大出意料，赵忠祥也很兴奋:“你很快就会出院的。今天这段话已经录了像，过几天电视一放，你的学生会看到你，一定会非常高兴。”病人，尤其是精神病患者对别人说话是非常敏感的，原来设计的问话显然过于直白，到了现场的问话就比较委婉温和，显示出对于对象的细心和尊重。后面的话，带有激励、宽慰对方的情感，使人觉得很温馨。节目播出后，社会反响很好。其中关键是赵忠祥在节目中控制了对患者容易造成伤害的词语表述，把握住了语言表达的恰当分寸。

张颂说:“节目主持人在话筒前、镜头前，绝非完全的自我，他们必须调整自己，强化和美化节目所需要的那部分自我，弱化和淡化节目所不需要的那部分自我。”① 电视访谈类节目采用的是即兴谈话的方式，但却不能和日常生活混淆。因此，对于尺度的把握，需要主持人有意识磨炼，提高控制力。否则，主持人可能会在无意间习惯性地把某些日常状态不恰当地带入节目，从而影响节目的效果。

例如，崔永元有一次主持节目，一位患有口吃症的嘉宾在费力地讲述自己因左手书写给高考带来的不便时，他就接了一句“考播音系呀”，这句话虽然引起了现场观众的一片笑声，却严重地伤害了那位嘉宾的自尊。这位嘉宾后来愤愤不平地专门写了篇文章——《崔永元，别把刻薄当幽默》发表在网上、报刊上。崔永元专门撰文向这位嘉宾道歉，并在《不过如此》一书中全文转载了嘉宾的文章。崔永元由此开始注意对自己说话方式的调整:“为了不出口伤人，我在日常状态中磨炼自己，绝不讲黄色笑话，绝不开过火玩笑，这样久而久之，才能让自己处在自然通达的状态。”②

一个主持人，即使成了“名主持”，出语也要审慎，不能产生一种盲目自大心理，以致失去分寸。吴宗宪在主持《我猜我猜我猜猜猜》的一期节目中，一位女嘉宾坦言她男朋友经常因为对一些小事不满意就打她，情绪有些低落:

① 张颂:《关于谈话功能的思考·语言传播文论(续集)》，北京广播学院出版社，2002，第87—88页。
② 崔永元:《不过如此》，华艺出版社，2001，第189页。

吴宗宪：只因为吃饭迟到十五分钟，然后就踹你，把你打倒在地上。

嘉宾：对，因为他觉得我态度不好。

吴宗宪：那你躺在地上以后，你讲老实话。

嘉宾：嗯。

吴宗宪：裁判有过来数秒吗？（《我猜我猜我猜猜猜》2012 年 10 月 27 日）

在嘉宾陈述不幸经历时，主持人将嘉宾被打倒在地与拳击选手联系起来，询问有没有裁判过来数秒，真让人觉得冷酷无情，也让嘉宾格外难堪。不是什么事、在什么场合都可以开玩笑的。玩笑一旦失去分寸，失去底线，带来的可能是很恶劣的效果。

情感分寸的控制。拿综艺节目来说，易于动情，是综艺节目对主持人的特殊要求，但是对动情分寸的适度性要求很高，过与不及都不能很好地收到预期效果。因此，主持时既要能迅速调动自己的感情去感染观众，同时又要能准确地把握自己的情感分寸和表达感情的尺度。人的情感具有独特的主观体验的形式和外部表现的形式，即情感包括内容和形式两个方面。综艺节目的总体氛围、各个节目具体的情感倾向、主持人热诚为观众服务的态度，是主持人情感的内容和依据。而主持人说话声音形式中的音调起伏、音势强弱、语气的色彩和分量以及节奏的抑扬和疾徐等，就是主持人在语言上的表现形式。观众对主持人的语言有自己的判断和评价，他们需要主持人的激情，但是同时又希望主持人恰如其分地控制以及对节目有条不紊地调度和串联。金开诚说："倘若只是听任情感肆意动荡，甚至进入激化状态，那么整个意识便会专注于极其狭窄的情感对象，不由自主地离开对于创作来说实际是重要或有用的东西。"[①] 富于感染力，同时又是水到渠成般而非强加于人的情感表达方式才能得到观众的认同，否则观众就会产生排斥心理，甚至认为主持人在有意煽情而怀疑主持人情感的真实性。缺乏激情不行，过火表达也不行，这就需要从主持人的角度出发做有理智控制下的情感表达，让声音形式

① 金开诚：《谈艺综录》，中国青年出版社，1993。

一方面透射出内心情感巨大的涌流，另一方面又不以激烈的外部形式出现，这种分寸的拿捏是很考验主持人的艺术功力的。

不唯综艺节目如此，新闻报道也如此。例如，1999年5月8日，以美国为首的北约袭击了我国驻南斯拉夫大使馆，在次日播出的《东方时空》中主持人白岩松在结束节目时说了下面一段话：

也许我们该看一下日历，5月9日，母亲节，原本这该是充满人性温情的一天，然而，几枚凭空而至的导弹却改变了这一切。在遇难者中有一位母亲和未来很有可能成为母亲的年轻妻子，她们再也体会不到这种人间温情。而我们所有的中国人也将在这一天分担他们家人的痛苦和悲伤。然而，面对1999年5月8日，我们仅有悲伤、痛苦与气愤是不够的，我们必须拥有清醒的头脑和冷静的认识，这个世界并不像人们相信的那样善良，霸权与侵略一直就在我们身边，要想世界真正和平，中国必须强大。让我们一起加油，把心中强大的中国梦尽快变为现实！（《东方时空》1999年5月9日）

面对如此重大的国际事件，面对我驻外记者的牺牲，白岩松选用了“母亲”这样一个温馨、细腻的切入口对其进行解读，这种情感具有震撼人心的强大力量。他从家庭情感出发并将其上升到国家强大、世界和平的高度，以激发出观众的爱国激情。不难看出，这段话里有悲愤，有痛斥，但更多的是理性的驾驭，不但使观众产生情感上的共鸣，而且把这种情感引导、升华到了一个新的高度。

第五节　播音主持艺术的意境美

意境，是我国抒情性文学作品最重要的审美范畴之一。王国维著有《人间词话》一书，论及文学艺术，他首标境界说，认为“词以境界为最上。有境界则自成高格，自有名句”。所谓境界，他解释说：“写情则沁人心脾，写景则在人耳目，述事则如其口出是也”。[①] 王国维所说的境界，即意境。

① 《宋元戏曲考》。

早在唐代，诗人王昌龄在《诗格》中就明确提出诗有三境：“一曰物境，二曰情境，三曰意境。”物境，即自然景物；情境，指喜怒哀乐的情感与心绪；意境，指作者运用想象和虚实结合的手法所创造的情景交融的艺术真实。《诗品》作者司空图则强调“韵外之致”“味外之旨”“象外之象，景外之景”“不着一字，尽得风流”，揭示了意境含蓄蕴藉和发人想象的美学特征。宋至清，是意境理论的成熟发展期。梅圣俞提出的“含不尽之意，见于言外”，以及后来出现的“情景”“神韵”“气韵”“兴趣”“滋味”“格调”诸说，都丰富了意境理论的内涵。千百年来，中国的古典诗词、书法、绘画、音乐、戏剧、建筑、园林等艺术都十分重视意境说，人们在艺术创作、艺术欣赏和文艺批评中都把意境作为衡量的重要标准之一。

意境是意与境的和谐统一。王国维在托名樊志原的《人间词乙稿序》中说：“文学之事，其内足以攄己，而外足以感人者，意与境二者而已；上焉者意与境浑，其次或以境胜，或以意胜。苟缺其一，不足以言文学。”也就是说，意境是由意与境两个方面的要素构成，是意与境的融合、渗透而浑然成为一体的。它是作者主观世界与外在客观世界的高度和谐统一。意，包括情与理，即作者主观的感受、情感以及对客体对象的理解、认识两个方面；境，又可分为形与神，即客观事物的状态、外在形貌、特征和内在精神本质两个方面。从意境的内在结构来看，它是情、理与形、神对应或交叉的多个层次的交融统一。宗白华在《艺境·中国书法中的美学思想》中这样评价张旭的草书作品：“张旭的书法不但抒写自己的情感，也表现出自然界各种变动的形象。但这些形象是通过他的情感所体会的，是可喜可贺的；他在表达自己的情感中同时反映出或暗示着他自己对这些形象的情感。这些形象在他的书法里不是事物的刻画，而是情景交融的意境。”不唯张旭的草书作品，所有堪称艺术的书法都莫不如此；不唯书法艺术如此，所有门类的艺术亦莫不如此。艺术作品虽以客观物象为依托，但艺术的表现不是照相，而是“以我观物，故物我皆著我之色彩”，其间蕴含着作者的感情、意蕴、思想见地、人生感悟和人格理想乃至胸襟气象等。意境创造强调描写对象的蕴情性，遵循的是表现内容的情感的逻辑与想象的逻辑。同样是舟行水上，在李白为“轻舟已过万重山”，在李清照是“只恐双溪舴艋舟，载不动，许多愁”。

意境借助意象。意象通常是单一的事物形象，而意境则一般由若干个意象组成，是物象与物象之间多重复合联系所构成的一种虚实相生的图境、场景、画面、氛围、韵味和情调。比如马致远的《秋思·天净沙》：“枯藤，老树，昏鸦。小桥，流水，人家。古道，西风，瘦马。夕阳西下，断肠人在天涯。”短短28个字，却有12个意象。这12个意象，色调相似，情调相近，共同营造了一种游子背井离乡、孤旅天涯、辛苦奔波的愁苦悲凉的氛围，展示了主人公特定的生活状态和充满无奈的人生命运，从而激起读者丰富的联想与想象以及对社会、人生的思考，产生一种悲悯的人生情怀等。这样，众多意象因作者独具匠心的选择与组合，使原有意象由于这种特殊组合产生出一种新质，成为包含新的意蕴的特殊结构。读者在欣赏作品时，会从一个个单个意象出发，进行一种积极主动的心理活动，发现意象间的复杂联系，将上述意象进行整合，进入作品的特殊结构提供的富有张力的心理场，从而产生思想感情的强烈共鸣。这，便是意境与意境的魅力。当然，这需要欣赏者人生经验、生活阅历、文化积淀、鉴赏能力作为基础，才能在反复品味中不断抵近作品的核心，领略意境之美。

寓虚境于实境，是创造意境的重要途径之一。实境，是指众多意象及由它们共同构成的整体的境，是可以直接感知的。虚境，指与作者已经提供出来的实境有某种必然联系的想象境界，以及蕴含、交融在实境中的作者所要表现的特定情思和人生感悟，这是间接可以感知到的。司空图在《与极浦书》中说：“戴容州云：‘诗家之景，如蓝田日暖，良玉生烟，可望而不可置于眉睫之前也。’象外之象，景外之景，岂容易可谈哉?”[①] 陕西蓝田，盛产美玉。在煦日照射下，遥望烟雾缭绕，近睹则无。“良玉”是实境，“烟雾”即为虚境。严羽在《沧浪诗话》中说：“故其妙处，透彻玲珑，不可凑泊，如空中之音，相中之色，水中之月，镜中之象，言有尽而意无穷。”[②] 严羽所谓“不可凑泊”，是说诗的妙处难以直接把握，“凑泊”乃会合之意。司空图所说的“象

① 《中国历代文论精品》，时代文艺出版社，1995，第339页。
② 同上书，第437页。

外之象，景外之景”，第一个象和景是指艺术作品中所具体描绘的实境，第二个象和景则是指存在于实境之外而又借助于实境的比喻、暗示、象征等作用呈现在想象之中的虚境。也就是严羽所说的“空中之音，相中之色，水中之月，镜中之象，言有尽而意无穷”，这是一个似有实无、似无实有、若有若无的境界，虚实难分的境界。

试以李白的《玉阶怨》为例：“玉阶生白露，夜久侵罗袜。却下水晶帘，玲珑望秋月。”这是一个秋凉之夜，台阶上久久伫立着一位女子，白露为霜，浸湿了罗袜，她却不顾夜已深，寒意袭人，一直痴痴地凝望空中高悬的那轮秋月。这些，便是作品为读者提供的由众多意象组成的物境画面，亦即实境。至此，仍不能见出深意。但是读者可以凭此生出诸多疑问并调动自己的联想与想象：主人公只是一位待字闺中的少女，抑或是一位闺中少妇？夜深不寐，痴望秋月，有何心事？从标题见一“怨”字，究因何生怨？是思念意中之人吗？他现在那里又是怎样的一个人呢？从诗中看，洁白的玉石，清润的露珠，玲珑的水晶帘，明净的月夜，讲究的罗袜，这一定是一个楚楚动人的美丽女子吧？她看明月那种忘情的样子，定会是一位痴情的女子，心灵应该更加圣洁、美丽吧？但是，这一切都是诗人留下的空白。读者完全可以借助经验和想象力渐次充实这个空白，并由此进一步体会普遍性的人生机缘，品尝这种特殊的人生滋味，生出无限遐想。这也就是虚实相生的意境的美妙了。

创造意境的另一种途径，是化情思为景物。

在意境优美隽永的抒情作品中，“一切景语皆情语也”（王国维《人间词话》）。文艺作品中的“一切景物”，是经由作者精心地审美选择的，是具有美学价值的，是浸透了作者审美情感的。“情人眼里出西施”，说的就是审美情感的动力机制的作用。“但愿人长久，千里共婵娟”，这明月（婵娟）是幸福美好的象征，而在老舍的名篇《月牙儿》里面的月亮却是苍白的、阴冷的、孤寂的，甚至有一种恐惧感。在马致远的笔下，枯藤、老树、昏鸦成为重要的审美对象，是诗中意境的重要组成部分；但在李煜的眼里，“雕栏玉砌”竟成为亡国之痛的象征，因为“朱颜”已改。毛泽东写梅花：“俏也不争春，只把春来报。待到山花烂漫时，她在丛中笑”。而陆游《咏梅》：“驿外断桥边，寂寞开无主。已是黄昏独自愁，更著风和雨”。两相对照，判然有别。其间的胸襟、气象虽有大小之分，但均为佳作名篇。再如李白《早发白帝城》：“朝辞白帝彩云间，千里江陵一日还。两岸猿声啼不住，轻舟已过万重山”。此诗写的是唐肃宗乾元二年（759年）春天，李白因永王璘案，流放夜郎，取道四川赴贬地。行至白帝城，忽闻赦书，惊喜交加，旋即放舟东下江陵，抒写了当时喜悦、畅快的心情。首句，“朝辞”点明出发时间，突出一个“早”。流放突然间遇赦，如同出笼之鸟重获自由，急切返回。“彩云间”，一言白帝城地势之高，二应早晨景色，显示出从晦暝转为光明、曙光初现的大好气象，暗含心情之兴奋。次句“千里江陵一日还”，以“一日”与“千里”的悬殊对比，形容时间短暂。俗话说“度日如年”，指的是岁月难捱而觉漫长；而感到短暂，无疑透出遇赦的喜悦。第三句“两岸猿声啼不住”，此处的“猿声”不同于杜甫《登高》诗中的“风急天高猿啸哀”，而是通过前后猿声连成一片的情形写舟行之速，表达心中的快意。结句“轻舟已过万重山”，呼应“千里江陵一日还”，既符合顺流而下，船行轻如无物飞驰似箭的实情，又暗喻心情的轻松、喜悦。全诗没有一个“喜”字，而喜悦之情又无处不在，正所谓“不着一字，尽得风流”。全诗句句写景，而又句句含情，“含不尽之意于言外”，这就是意境。此时读来有一种锋棱挺拔、空灵飞动之感，洋溢着诗人在厄运结束之后突然迸发的一种激情，于雄峻迅疾中，又有一种豪情欢悦，令人玩味而百读不厌。

文学艺术是一种语言艺术，书面语言是它的形式，汉字是它的符号载体。文学语言是从口头语言提炼而来的，对口头语言做了选择、锤炼和艺术加工，既保持了口语的生命活力，又较口语更加精粹、规范和具有艺术表现力。所以，文学艺术作品的语言是书面语言的代表是没有疑义的。

播音员主持人的声音传播，一方面直接脱胎于日常口语，保持着生活语言的某些特征，但另一方面，它又有自己的职业特点，不能停留在生活口语的原生状态的层面，必须实现规范化与艺术化。受众并不满足于信息的一般性接收，而是进一步提出了审美化的要求，这是一种合理性的要求，也是逻辑的必然。

从人民广播诞生起，新闻播音与文艺作品演播就是它的主体，至今仍未有根本性的变化。新闻播音主要是有稿播音，书面作品是它的依据。而新闻作品中，通讯、特写，尤其是报告文学，文学性都是极强的，它们是新闻性与文学性的统一。至于文艺作品的演播，依据更直接的就是文学作品本身。优秀的文学作品追求优美、深邃的意境，播音员主持人就理所当然地有责任发挥有声语言的优势把作品中创造的审美意境更加生动感人地展现出来。文字符号是静态的，声音是动态的；文字符号是抽象的，有声语言是具体可感的。一句简短的问候语“你好”，在书面语言里，说话人的态度、情感的表现具有模糊性，但在有声语言的表达中，可以是热情的，也可以是应付性的，甚至是冷漠的或具有反讽意味的。因此，有声语言艺术塑造的空间非常大，在某些方面具有书面语言不具有的特殊优势。所以，播音创作并不是对作品本身意境的机械复制，而是以其为依据具有能动性的新的创造。

张颂在《简论播音艺术的欣赏层次》一文中说：“第四个欣赏层次，专指声音形式的美学意义。它要求播音中的有声语言富有艺术魅力，体现一定的审美理想，使广大听众、观众在审美观照中获得多方面的审美享受。普通话具有巨大的美学优势，辅音和元音的简洁清晰，声韵结合的精妙响亮，声调变化的参差错落，语句的起伏跌宕，体裁的色彩纷呈，真是气象万千、美不胜收。这又使播音的有声语言在表情达意、言志传神的过程中充满了韵律美，强化了意境美，体现出了中国人民的作风和气派，造就了新中国的播音风格和有造诣的播音员的个人风格。这个欣赏层次，使播音语言内涵与声音形式的变化进入有机融合的深处，使广大听众、观众在有限的时间里进入无限的空间，既获得众多的信息，又获得情操的陶冶，觉得信息是美的，信息显示的大千世界也是美的。那声音欣然走进敞开的心扉，息息相通，没有滞碍。这是一种境界，是播音艺术的最高境界，是广大听众、观众欣赏的最高境界，是创作者与欣赏者达到的一种默契。”[①] 这就是我们把文艺创作中的意境理论与实践引入播音主持创作中的理论依据。这段文字概括了播音创作有声

① 张颂：《播音主持艺术论》，中国传媒大学出版社，2009，第 184 页。

语言的创造优势，强调了对意境美的强化，提出了以少总多、以有限提供无限、把播音语言内涵与声音形式的变化有机融合的创作要求。

姚喜双认为："文学通过描绘形象表达思想感情，往往要有意境的创造。这种主观情意与客观物境相互交融而形成的艺术境界，对于抒情性作品来说更为重要。文学播音既然是对原作的再创造，理应表达出生动的意境。播音的意境是播音员运用有声语言依据稿件再造的特定形象及其引发出来的某种情趣、意味、想象、联想的总和。它在播音创作与欣赏中，都表现为实境与虚境的统一。它的实境是有声语言再造出来的特定形象，即一种既真且美，虽少而精，导向力很强的画面，具有能感触或捉摸的特性；它的虚境是由特定的形象引发出来的情趣、意味以及某种想象、联想，具有一定的空灵性、能意会但难以言传。"①

播音意境的创造首要的也是最重要的是备稿。广义的备稿是平时的、长期的、各个方面的修养与积累，以"厚积"为"薄发"做准备。如果没有这种雄厚的积累，播音创作就失去了底气，临到具体的播音任务，时间的有限，必然匆匆为之。例如，演播杜甫的《闻官军收河南河北》，倘平时对杜甫的生平、经历、性格、抱负、创作风格及所处时代背景等均较熟悉，那就会节省大量的时间用以对文本进行深入的解读。反之，就诗论诗，理解与表现就容易失之肤浅。

狭义的备稿，就是对具体文本进行揣摩、研究以至吃透，入其内而又出其外。从字、词、句、段、篇入手，把握其思想感情内涵、主旨立意、内在逻辑线条、色彩基调、表现风格、语言特色等。在反复体会、理解、螺旋式推进的过程中捕捉其言外之意、弦外之音、象外之旨。这是一个由局部到整体、由感性到理性的反复循环的过程，它需要演播者的审美素养、知识能力作支撑。在这个基础上，就可以设计有声表达的各种要素的调配与使用策略、方式方法了。"磨刀不误砍柴工"，备稿越充分、越到位，成功的可能性就越大，这样，才能进入胸有成竹、情绪饱满、从容自如的理性的创作状

① 姚喜双：《播音风格探》，中国文联出版公司，1992，第194—195页。

态。有人说，备稿所投入的时间、精力要高于创作本身的数倍，这是十分中肯的。当然，由于某些特殊情况，给备稿留出的时间极短，甚至来不及先看一遍，那就要看播音员平时打下的功底了。但这种情形即使不乏成功的例子，也不能作为无视备稿重要性的理由，那些优秀播音员的创作实践都充分证明了这一点。文学稿件如此，新闻稿件也是如此。张弛说："在新闻播音的创作过程中，播音员面对文字内容，从分析、理解到感受，随着内容的发展一点一点积聚，思想感情不断深化，再加上有了对象感，头脑中对稿件加以情景再现，并调整好内在语，迸发出带有思想感情的有声语言，就会创作出符合稿件要求的播音作品，这是正确的话筒前创作状态，是播好新闻稿件的基础。"①

播音创作的核心是感情。感情的直接来源就是在研读作品时激发起来的共鸣。对作品入之愈深，激发出来的感情愈真挚、愈充盈。这就如充电一样，没有强劲的电力就无法"放电"。比如播陆游、辛弃疾的爱国主义诗词，播音员本身就必须具有强烈的爱国主义思想。但这种思想情感在平时状态下是静态的、隐性的，一旦面对作品，就立刻会被激活并形成一个动态系统，变成"临战"状态。另一方面，这种情感不可以赤裸裸地直接宣泄，毫无顾忌，它需要贴合作品的风格、基调以及节奏、旋律的变化；要把握情感的类型、烈度、浓淡，把情感渗入诗中的境象、词句中去，融情入景，水乳交融，含蓄蕴藉，发人联想，令人回味无穷。

抒情离不开景物，那就需要运用有声语言去刻画景物，摹状传神，让景物活起来，楚楚如在目前，让受众如临其境。由于播音员情感的浸润、渗透，情景互生，二者已浑然一体。这样，有声语言才能出色地完成意境的创造，在作品与受众之间成功地架起一座桥梁，把作者、传者、受众的心灵紧紧地联系起来，与受众一起步入理想的审美境界。

方明是我国播音界一位声名卓著的优秀播音员，他在营造意境方面有过许多堪称典范的案例。譬如他朗诵李白的长诗《梦游天姥吟留别》，为了烘

① 张弛：《听者有意：广播新闻审听手记》，中国广播电视出版社，2009。

托出神仙洞天的世界，一开始就如银瓶乍迸般地渲染了横亘天际、势拔五岳的天姥山巍峨博大的气势；进入梦境之后，它又用色彩丰富多变的语气层层推出飞升、登天、熊咆龙吟、列缺霹雳、丘峦崩摧等一幅幅令人讶异、惊悚又迷离恍惚的画面，铺展了神奇的背景。之后，他着力描绘那神仙出场的画面，用壮阔舒展的语气，活现出众神奔赴仙山的热烈场景以及金银台与日月交相辉映、异彩缤纷的景象。他的朗诵，使人宛如置身神仙世界，飘飘欲仙；又像在观赏一部神奇的童话影片，令人陶醉迷恋，乐而忘返。在全诗结尾处，他抓住“安能摧眉折腰事权贵，使我不得开心颜”一句加以强调、点化，使全诗意境浑然天成，熠熠生辉。他用写意传神、烘托、点化等方法，刻画了李白豪放飘逸又傲岸不屈的性格，把诗人在诗中表现的向往美好理想和憎恨丑恶现实的思想感情充分揭示了出来，意境雄浑而高远。

前面说过，不仅文学作品的演播需要创造意境，新闻作品也是如此。除了新闻中的通讯特写、报告文学之外，一般的新闻播报也有这种需求。例如2014年春节期间，中央电视台《新闻联播》节目中主持人有这样一段台词：

在刚才的节目中我们看到，很多地方都迎来了马年的第一场降雪。新年新气象，这场久违的降雪，把神州大地装扮得分外妖娆。雪花飞舞，让我们感受到了美丽与诗情。“瑞雪兆丰年，风雪归乡人”。降雪为冬小麦“解渴”，预示着农作物丰收。离家出行的人，请放慢脚步，再看一眼雪中的家乡。

明天就是假期的最后一天了，在返程的路上请多多注意安全。

这段台词不长，却言约义丰，很有温度。从表达方式上看，既有叙述，又有描写；既有议论，又有抒情。句式简短，有口语化的特点，也有文学性的色彩，可谓雅俗共赏。对雪景的着墨，既有鲜明的画面感，又表达了对丰收的期盼，这就有了与农民工的情感共鸣。“请放慢脚步，再看一眼雪中的家乡”是那么善解人意，尤其是最后一句贴心的关照，恰似对亲人的叮咛，听来真是暖意融融。主持人以明丽的语言色彩和温婉抒情的语调加以处理，加上恰到好处的停顿留白，使意境全出。

类似的情形，在一些采访现场以及一些综艺节目、大型晚会上，都能频频见到。意境的营造能够满足受众的审美需求，同时也提升了节目的审美品位，使之具有更强的吸引力和影响力。

第六节　播音主持艺术的综合美

1980 年 7 月 12 日，中央电视台专题部开设了《观察与思考》栏目，正式打出“主持人”的字幕。1981 年元旦，中央人民广播电台对台广播《空中之友》开播，徐曼以“甜、软、轻、美”的面对面亲切交谈的声音走入海峡两岸的千家万户，令人耳目一新。1981 年 7 月至 11 月，中央电视台推出每周一场的“北京中学生智力竞赛”，由赵忠祥担纲主持人。1983 年元旦，中央电视台的《为您服务》推出了我国电视史上第一位固定栏目的专职节目主持人沈力，沈力展示出一个温文尔雅、亲切平易、热情周到、为人民群众服务的老大姐形象受到广泛好评。这年春节，一台大型综艺晚会“春晚”隆重亮相并延续至今，现场直播，由多位主持人联袂主持，成为传播最广、收视率最高、影响最大的春节“盛宴”。同年 8 月 7 日，大型系列专题片《话说长江》开播，主持人陈铎、虹云使亿万观众为之倾倒。此后，“鞠萍姐姐”主持的少儿节目，王刚、倪萍主持的《综艺大观》，赵忠祥、杨澜主持的《正大综艺》，崔永元主持的《实话实说》以及《东方时空》《一丹话题》等相继推出，使主持人形象在观众心目中牢牢生根，广播电视的内容、形式更加丰富和多彩多姿。

但是，在“主持人”的概念上学术界存在争论。一方认为“播音员应该涵盖主持人”；另一方不同意“涵盖说”，认为二者存在着共同基础和内在联系但又有各具系统的不同语言特点。陆锡初发文认为：“在主持人和播音员之间不能画等号，它们是两个不同的范畴，其主要区别表现在四个方面，即（1）与受众关系不同；（2）对象感不同；（3）参与节目程度不同；（4）播音方式不同。”在谈到“与受众关系不同”时，他说：“主持人是以个人的身份出现在听众、观众面前，以第一人称‘我’直接与受众交谈的，”而“播音员是电台的代表，是代表党和政府说话的。播音员以第三人称的身份出现，他的任务是忠实地表达作者在稿件中反映的主题思想和感情色彩，即充分表现新闻稿件的个性。”在谈到“播音方式”不同时，他说：“播音员采用‘宣读式’的播音，以有效的方式朗读他人撰写的稿件，准确地表达原稿的精神实质，语气庄重严肃。主持人采用‘交谈式’播音，以谈话的方式、平等的态度、商量的口吻，与受众娓娓谈心，语气亲切自然。”①

这一讨论仍在继续，而且不止于两家之言。

笔者认为，“涵盖说”是从广义上而言的，“反涵盖说”是从狭义上而言的，两者各有道理又各有利弊。正如文学界关于“散文”概念的界定一样，有广狭两种不同理解，至今仍无定论，形成并存的局面。如果从学术著作使用的频率和受众的实际认可度来看，狭义使用“主持人”概念的为多。从论述的需要和方便出发，笔者决定采取后者。

为什么说主持艺术是一种“综合美”呢？是因为它兼具广播传播与电视传播的双重优势，尤其是电视传播，它是声画同步的，囊括了视与听两个方面，大大拓展了传播渠道，丰富了传播形式与内容，这是有目共睹的事实。至于广播节目主持与电视节目主持实际上也存在着区别，笔者在论述时只能笼而统之，如果一会儿说“广播节目主持”，一会儿说“电视节目主持”，那就太缭乱了。两者均有单独讨论的价值，但暂且就不作为本书的任务了。

一、形貌、神态、举止、气质之美

未闻其声，先见其人。电视的出现，使电台的优秀播音员从幕后走到了观众面前。主持人的角色使电视播音员也从“半身”变成“全身”的全方位展现。

人有美丑，父母所赐，人格平等，理应一律受到尊重。但“丑”者亦有向美之心，人性使然。美容业兴，门庭若市；减肥瘦身，引领时尚，于此可见。广播电视面对听众、观众，他们亦为审美而来。选拔主持人虽不等同于选美，但要求体魄健全、五官端正、端庄大方、举止优雅、气质良好却是题

① 陆锡初：《主持人 2—3 辑》，中国广播电视出版社，第 172—260 页。

中应有之义。有人以某主持人“个子偏矮”等予以反驳，但我以为特例不能代表一般。那个矮个子主持人纵使其他素质超常，倘身高再理想一些，是否更符合受众的期许呢？相面之术，古已有之，往往被引入迷信一途，但是从科学角度研究，当有道理存焉。先入为主，以貌取人，固然失之偏颇，然戏曲演员登台亮相尤受关注，亦符合审美心理之规律。赵忠祥温和敦厚的样子已经长久地留在观众脑海里，崔永元笑眯眯地往那儿一站，幽默感、平易感就出来了。敬一丹的相貌、着装成为端庄的代名词，董卿的秀外慧中、优雅洒脱为人赞赏。

“不修边幅”常被视为一种落拓不羁的“魏晋风度”，受到某些人的肯定，在电视屏幕上出现的主持人却是不被允许的。“好马还得金鞍配”“佛要金装，人要衣装”，就是说的人要讲究打扮的道理。在民间，赶集上店、走亲串友都要梳头洗脸、换身衣服。在西方，化妆出门是每天必不可少的要务之一，否则，在公众场合就会被视为对他人的不尊重。极左时期，讲究打扮常被扣上资产阶级思想的帽子。所以，那时的新闻工作者与全国人民一样，服装单一、颜色单调，更莫谈化什么妆，更没有“化妆师”的概念。随着改革开放的推进，我国的服装文化发展迅速，消费者的服装意识也大为改变，用千姿百态、异彩纷呈形容毫不为过。这一点也必然要反映到主持人的着装打扮上，在总体审美原则必须坚持的前提下，自由度已经大得多了。得体合度，又有审美的丰富性，一要符合媒体人的身份，二要与节目内容、性质协调，三要适应大众的审美心理需要。当五位男女主持人站在春晚舞台上，那种悦人耳目的美丽形象不正是中国人形象的代表吗？

如果说形体容貌、服装打扮是静态的，那么神态、举止就是动态的了。主持人上台有一定的紧张度，是自然的，也是必需的。一点不紧张，就会使主持变得松软、疲沓、平冗、无节奏、无高潮。太过紧张，则会举止失措，语无伦次，失去正常驾驭节目的能力。底蕴深厚、准备充分、心中有底，才能在适度紧张的同时，变得自信从容、气定神闲、收放自如。

孟子曰：“心不正，则眸子斜焉。”眼神对主持人也是至关重要的，看人主要就是看人的眼神，通过眼神读懂对方的内心世界。对观众而言，主持人的眼神是他们关注的重点。大画家顾恺之说："传神写照正在阿堵中。"（阿堵，方言，此处指眼睛。见《世说新语》）热情还是冷漠，真实还是虚假，谦和还是自傲，理解还是迷茫，尊重还是轻慢……这些都可以从眼神里自然流露出来，是掩饰不了的。有的主持人因有失分寸的调侃而伤害了嘉宾或现场观众的自尊心，这是出于善意还是恶意，不仅从话语本身，从眼神也能看得出来。

举止动作也是一种表达，是主持人整体形象的重要组成部分，也是为主持内容服务的。站相、坐姿、举手投足，既反映出主持人的精神状态，也表现出主持人的人格素养。面对年长、行动不便的嘉宾上场，主持人起身上前躬身搀扶，观众心里就会涌起一阵暖流。有的主持人则熟视无睹，端坐不动，甚至跷个二郎腿，就导致观众产生反感。董卿主持《朗读者》，朗读嘉宾斯琴高娃选择的文本是贾平凹的散文《写给母亲》。斯琴高娃由于和文本有着相近的情感体验，因而十分动情，她本人数度落泪，现场观众被感染得也几乎人人落泪。董卿此时也很难控制自己，于是稍稍侧过身去轻拭泪水，这既符合人之常情，也因举止得体而得到观众的理解和认可。这流泪与所谓"煽情"有着根本区别，它是主持人与朗读者、与观众在同一频率上心灵共振的结果，是真实自然的。但如果没有节制，而向观众一任泪水流出，那与主持人身份、角色就会发生一定的错位。通过许多动作细节，是可以看到主持人的人格修养的。

气质，是一个人的内在修养、内在精神的外在显现。表现在言谈和行为举止上，就是风度。所以，气质与风度常常连用。人们都羡慕气质好的人，但气质是模仿不来，也伪装不来的。因为缺乏内在的"神"的支撑，仅仅从外在动作、表象入手，只不过是东施效颦罢了，供人一笑而已。气质，与人的性格有关，更与后天的知识文化修养、道德品质修养以及社会实践、人生阅历等有关。可以说，它是先天与后天的综合的结晶。有道是"腹有诗书气自华"，这里的"诗书"也可以视为各种内在修养的总称。孔子说"文质彬彬，然后君子"（《论语·雍也》），礼乐是文，仁义是质；配合协调，谓之彬彬。强调做人的标准，内美与外美和谐统一。所以，古人提出"修身、齐家、治国、平天下”，把“修身”放在第一位。毛主席的领袖气质，周总理的外交气质是举世公认的，也为大家所熟知。我国老一代的优秀播音员都有着良好的气质，你只要了解一下他们的社会阅历以及他们学习的态度、工作的态度、待人接物的态度就可以明白大半。所以，播音员主持人要想具有好的气质，就必须在修养上下功夫，这是唯一的途径。

二、机智美

现场主持之前要策划，要熟悉材料，要针对种种可能出现的情况做出预案等。但是，主持过程是动态的，随时都有出乎意料的情况发生的可能。当这种情况发生的时候，越慌则越乱，需要冷静，沉着应对，靠的就是机智。

1983 年上半年，在由葛兰播音的中央台《学习》节目里，开辟一系列理论专题讲座，节目形式也有所创新，一改过去由播音员一人照稿播音的单一形式，而采用播音员与专家、学者交谈的访问形式播出节目内容。这种主持人的节目样式，无论在当时还是对葛兰个人，都是一个新课题。播音的依据，不仅仅是写好的稿件，播音员的身份，播音的环境、气氛、对象等，都发生了很大变化：有时编辑交给葛兰一篇稿子，需要她加工、提问题；有时经过她辛辛苦苦加工过的稿子，主讲人临时不按讲稿讲，需要她随机应变；有时主讲人没有成文的讲稿，只有个大概的提纲，需要她临场强调要点，归纳结论；还有时主讲人既没讲稿，也没提纲，即兴而谈，需要她及时提醒、引导，以不离正题……这些新的“花色品种”，简直令人应接不暇。面对新的课题，葛兰没有退缩，她知难而进，开动脑筋，勤于实践，摸索出一套“真听、真问、真交流”的方法，圆满完成了任务，受到台领导和听众的好评。当时这种主持人形式的节目还不多见，葛兰在工作结束之后，及时地把这一段工作的新经验、新体会加以总结，写成业务论文在学术刊物上发表，对推广普及主持人节目形式起到了积极作用。[①]

1995 年初，在一期以母亲为主题的《综艺大观》直播现场，节目就要结束的时候，导演急匆匆地告诉倪萍，准备的节目已经进行完了，让她即兴发

① 付程：《播音创作观念论》，北京广播学院出版社，2000，第 262 页。

挥，填满剩余的三分多钟时间。倪萍灵机一动，稳步走向现场观众，真切地发问："我想知道，今天在场的观众朋友们，有哪位是陪同母亲一起来看《综艺大观》的?"观众席上站起一个小伙子，倪萍请小伙子向大家介绍了自己的母亲，倪萍带头为他们母子鼓掌，感慨地说："这位妈妈，我们为你自豪，有这么好的儿子真幸福啊！小伙子，孝敬老人是受人们尊敬的，我们都应该向你学习。"这时，倪萍看到导演示意还有一分钟，她又转向镜头继续说："儿子带母亲来看节目本来不算什么了不起的，但我常常在我们的演播厅里看到的是一对对情侣，一对对夫妻，有的是父母带着孩子，我却很少看见儿女陪着父母来的。其实，老人更需要多出来走走，他们更愿意来看看电视台是什么样，演播厅是什么样，倪萍是什么样。我希望从今天以后能在这里见到更多的孩子陪着父母来……"[①] 倪萍边说边用眼睛的余光注意导演在幕侧给的手势，及时推向高潮收尾，圆满完成节目录制。这三分多钟由"灵机一动"增加出来的内容毫无"外加"之嫌，而是以互动的方式，紧贴节目主题，成为整体自然延伸的有机组成部分，而这一切，现场观众毫无觉察，天衣无缝，温馨而又熨帖。细想一想，这样的"灵机"并非谁站在那里都能瞬间完成的，而是"得之在俄顷，积之在平日"。

有一次，上海电视台节目主持人叶惠贤在主持《南北京剧大会串》节目，当他的开场白刚讲到"这真叫……"时，乐队误以为他在叫板，锣鼓马上就响了起来。这时，他为了不让前面说出的三个字没着落，不使乐队的演奏让观众觉得莫名其妙，于是没有片刻迟疑，马上用京剧道白的方式说出了后面的主持词："南北京剧大交流，喜看艺坛出新秀；古老艺术发新芽，咱们的京剧啊——有奔头！"话音刚落，便博得观众阵阵热烈的掌声。由于他的机智应变，而化腐朽为神奇。这一灵活处理，完好地保留了主持词的内容，又与京剧锣鼓相契合，与整台节目的风格特色相一致，同时给观众带来了新鲜感，转失为得。倘若不知所措，尽管责任不在主持人，那么整个现场的各方就全会陷入尴尬之境了。

---

① 倪萍：《日子》，作家出版社，1997。

有时候，“情况”还会来自受众。例如，崔永元曾到广州参加第十届全国书市开幕式，在购书中心门口与读者见面时，遇到了一位受众的“诘难”：

小伙子：崔哥，你们《实话实说》怎么没过去好看了？

崔永元：（愣了一下）不错，我也觉得没有过去好看了，我们有责任，不过，主要的责任在你。（大家都很诧异）

崔永元：（笑问）小伙子，你结婚了没有？

小伙子：没有。

崔永元：啊，结婚的感觉和恋爱的感觉是不一样的。

小伙子态度虽然温和，但话很有分量。如果采用直白的方式，要么承认节目质量下降，要么说小伙子审美疲劳或看法有失偏颇，把责任推给对方，这明显都不合适。崔永元拿“恋爱”和“结婚”感觉的不同打了个比方，语气温和又很风趣，轻松地化解了现场交谈的尴尬气氛，体现了平民化的语言风格与良好的语言修养。

三、幽默美

幽默是一种人生态度、人生境界，也是才华与智慧的表现。在社会生活中，它是人际交往的润滑剂、黏合剂、缓冲剂，有利于融洽气氛、化解矛盾、沟通感情，给人以轻松、快乐之感。这些，在主持艺术尤其是谈话类节目中比较突出。

崔永元说：“我每天一进现场，就开始跟他们说话，我觉得调整他们心态的工作从现在就要做起。我说：‘大家来了以后，请遵守我们中央台的纪律。我们中央台有严格的纪律，这就是大家坐好以后随便聊天！声多大都行，可以议论自己的领导，说说自己的邻居，怀念一下初恋的朋友。’开开玩笑，大家就放松了，会提各种各样的问题。每次开场前，我都要忙活半小时、二十分钟，就是在改变这种不平等的状况，一进来觉得我这么高，等到开场，让大家感觉跟他们一边儿高，甚至比他们还低。”[①]

节目录制时，不仅主持人要放松身心，现场观众、嘉宾也同样要放松。很多观众第一次到中央电视台演播大厅，心情紧张，气氛就活跃不起来，互动就有了障碍。崔永元以几句诙谐幽默的玩笑，有效地解除了紧张情绪，节目的成功也就有了保证。

为受众带来快乐、笑声、愉悦是广播电视的功能和主持人的责任之一。侯宝林说：“没有笑声的生活是一种酷刑，没有笑声的生活不成其为生活。”

在一次综艺晚会上，台湾艺人凌峰登台。

凌峰：大家好！我叫凌峰，凌峰的凌，凌峰的峰。（众大笑）……你们听过凌峰的歌没有？

（有的回答听过，有的回答没听过）

凌峰：没有听过凌峰唱歌的朋友，终身遗憾。（众笑）听了凌峰的歌，又会遗憾终身。（众大笑）

这是凌峰运用正经的语态说出大家都知其“错”的“废话”，以“废”引趣，以自相矛盾逗乐，引起笑声一片，达到了“活场”的作用。这是一种带有滑稽色彩的幽默。英国戏剧家萧伯纳说：“没有幽默的语言是一篇公文，没有幽默感的人是一尊雕像，没有幽默感的家庭是一间旅店。”幽默使人开心，开心使人长寿。人的精神生活需要丰富性。

叶惠贤是上海电视台的名主持人之一，他也擅长在主持中使用幽默。

在一次电视文艺节目《家庭演唱大奖赛》上——

叶惠贤：今天又是一个新的组成形式，是老丈母娘带着好女婿出赛。（问岳母）女婿待你怎么样？

① 崔永元：《不过如此》，华夏出版社，2001。

岳母：当然好……

叶惠贤：那就是平时说的那句话，“丈母娘看女婿……”

岳母：越看越开心。

叶惠贤：今天谁先唱？

女婿：我先唱。

叶惠贤：唱什么？

女婿：《再见吧，妈妈》。

叶惠贤：这你就不对了，有了丈母娘就“再见吧，妈妈”，这不大合适吧！（众笑）

（女婿唱完《再见吧，妈妈》）

叶惠贤：听得出来，你对妈妈也是很有感情的。（众笑，热烈鼓掌）

这是一种“调侃式”的幽默。由于调侃的内核是善意的，加之预设关系和故意曲解手段的运用，显得另有一番情趣，现场效果很好。

幽默，还可以用以自嘲，在自嘲中表达诚意。

例如崔永元有一次在《实话实说》节目中把“勿以恶小而为之，勿以善小而不为”这句名言说成出于孟子，许多观众通过各种渠道指出其错误。于是，崔永元在接下来的《实话实说》节目里，一开场便提起了这件事：

我给孟子打了个电话，他说他好像没有说过这句话……我特意买了本《三国志》，从里面查到了这句话的出处。我错了，我向全国的电视观众，特别是给我写信的观众朋友致以谢意和歉意。

崔永元通过自嘲式的幽默，既逗乐，又透出了勇于认错改错的诚恳态度，反而为自己在观众心目中的形象加了分，是一种聪明的反应。

下面再看一段“凌峰式”的自嘲：

在下凌峰……这两年，大江南北走了一圈，男观众对我印象特别好，他

们见到我觉得有优越感，因为本人这个样子对他们没有构成威胁，他们很放心。(观众大笑)

本人的脸长得很‘中国’，(笑声)中国五千年的沧桑和苦难全写到我脸上了。(笑声，掌声)一般说来，女观众对我的印象不太……有的女观众对我的长相已经到了忍无可忍的地步了。(笑声)她们认为，我是人比黄花瘦，脸比煤球黑。(笑声)但是我要特别声明，这绝不是本人的过错，实在是父母的错误，当初并没有征得我的同意就把我生成这个样子。(笑声，掌声)

但是，时代在变，潮流在变。现在的男人基本上可以分为三种：第一种，你看上去很漂亮，看久了也就那么一回事，这就像我的好朋友刘文正这一种；(笑声)第二种，你看上去很难看，看久了以后是越看越难看，这种就像我的好朋友陈佩斯这一种；(笑声)第三种，你看上去很难看，看久了以后你就会发现，他另有一种男人的味道，这就是在下我这一种了……(笑声，掌声)

好，鼓掌的都表示同意了——鼓掌的都是和我长得差不多的，(笑声)哎，真是物以类聚，人以群分啊！(大笑声，掌声)

凌峰的这段自嘲式的幽默，颇有些鲁迅笔下阿Q的“油滑”色彩，却又贴合他艺人的身份。他这种“油滑”显然高出阿Q很多，因为透出机智，有一定的艺术性和文化含量，格调看似不高，却俗而不陋，体现出平民化的爽朗与智慧。前一部分处处渲染、步步蓄势，然后以一个“突转”变否定为肯定，从贬己到贬人顺带“美化”自己，紧接着又出人意料地波及为其鼓掌的观众，产生令人喷饭的喜剧效果。

语境、性情、语言是构成幽默风趣的三个要素。不看对象、不合语境，有失分寸，必然事与愿违。性情既有先天因素，又有后天环境养成。崔永元是中国观众公认的具有幽默品格的主持人，从小就是这样，生活中就是这样。幽默的人注意生活的体验、知识的积累、语料的搜集和吸收。表现时，要在瞬间构思上下功夫，触景即发、涉事成趣、借风生浪，是一种“快语艺术”，是一种高妙语智的表现。

《现代汉语词典》对“幽默”一词的解释是：“有趣或可笑而意味深长”。首先要有趣味或可笑，这是喜剧艺术最突出的特点。有的人在那儿一站，一个表情，一个动作，就让人忍俊不禁。要让观众笑是不容易的，这个笑是一种精神活动的反应，是由内而外的，是自然流露的，是不由自主的，是一种审美带来的愉悦。它不是一笑而已，是笑之后的“意味深长”令人寻味、耐人咀嚼，经久不忘。所以，它与恶作剧，与低俗、低级趣味有严格的区别。幽默是一种境界，缺少天赋和深厚的文化、生活积淀是无法达到的。幽默表达的分寸很难把握，出色的主持人如崔永元也出现过严重失误，导致观众反应强烈，由此可见一斑。

四、委婉含蓄美

委，曲也；婉，温也，转也。含蓄，含而不露，令人寻味也。

古代诗文审美恶直白而重委婉。用老百姓的话说，就是“转着弯儿”地表达要说的意思，不至于像白开水一样没有味道，而是在思考、追逐中获得美感。如杜甫的《月夜》：

今夜鄜州月，闺中只独看。
遥怜小儿女，未解忆长安。
香雾云鬟湿，清辉玉臂寒。
何时倚虚幌，双照泪痕干。

当时杜甫家在鄜州，他自己在沦陷的长安，在安禄山的控制之下。在诗中，他不说自己怀念家人，却想象家中的妻子在今夜月下怀念他；接着，凭着想象，给妻子对自己的怀念描绘出一幅想象图来。他设想儿女还小，不懂得想念他，更显得妻子的孤独。再设想他的妻子怀念的深切，深夜不睡，所以云鬟湿、玉臂寒。再想象将来团圆时，两人同时看月，回想起这时候饱经忧患终得重逢，不免要掉泪。两人再深夜望月，直到“双照泪痕干”。诗人就是直接通过想象曲折委婉地表达出对妻儿的怀念。在现实中，记者采访春节返乡的农民工：“你为什么要这样急切地赶回去呢?”对方回答：“想孩子了。”

不说想老婆，只说想孩子了，这也是一种委婉的应答。

避讳是委婉的一种。比如主持人问嘉宾："你老就没想过百年之后的事吗?"主持人把"死了之后"说成"百年之后"，采用的就是委婉语，显出对长者、对方的尊重，也表现出自己的文化修养。又比如面对残疾人嘉宾，主持人问："你是眼睛不方便吗?"或："你的不方便是先天就有的吗?"在问话中，"不方便"代替了"瞎"这样的同义词，是换了一种说法。如果直说，那是让人难以接受的。再如，不说"扫马路的"，而说"环卫工""保洁员""城市美容师"；不说"烧火的、做饭的"，而说"厨师""烹饪大师"等，都是如此。倘若用直白的词语与人交流，人们就有理由质疑："你会说话吗?"

委婉还可以为自己解围。例如上海节目主持人叶惠贤曾带领摄制组到日本采访，遇到日本某电视台《每日放送》栏目组的"反采访"。他们同叶惠贤寒暄几句之后，突然拿出一块画板，上面贴满日本漂亮姑娘的照片：

主持人：您看，这些都是经常拍写真集的日本女孩子，你最喜欢其中哪一位?

叶惠贤：用这种方式对待姑娘，本人没有这个习惯。

主持人（语塞）：那么上海观众最喜欢哪一种类型的女孩?

叶惠贤：我想应该是大方、清新的女孩。

主持人（紧逼）：那你看看这里面到底有没有?

叶惠贤：我把这些照片都带回去，同上海观众商量一下吧。

主持人（无奈地笑了）：厉害，真厉害!

很显然，对方是设计了"陷阱"，有"预谋"的，而叶惠贤却不可能有任何准备。面对突然而至的步步紧逼，"损招"迭出，叶惠贤见招拆招，从容应对，又不失身份和风度。尤其是最后一次以虚化实的应对，使对方感到仿佛把紧握的拳头砸到了棉花包上，既无可奈何又不得不发出由衷的赞叹。这很像是一场小小的外交"缠斗"，十分精彩，耐人寻味。最后一次应答，貌似答应对方的请求，实际上则是拒绝，由于委婉，双方都有了"面子"。

含蓄与委婉含义相近，两个词语常常连用。在古代诗文中，含蓄是不把意思明白说出，而是包含在所写的形象里。如李商隐的七绝《楚吟》：

山上离宫宫上楼，楼前宫畔暮江流。
楚天长短黄昏雨，宋玉无愁亦自愁。

作者借用宋玉《高唐赋并序》中的典故，山指巫山，离宫指宋玉与楚襄王所游之地，江即长江。他们在离宫高台上谈到神女的事，说神女“朝为行云，暮为行雨”。前两句写景，暗示楚国已成陈迹，江流依据，充满古今变迁和岁月已逝的慨叹。“楚大长短黄昏雨”，不论是日长日短只讲神女的事，暗指楚王只是追求声色享受，不再接近贤人，所以宋玉无愁也自愁。此处是李商隐借楚王指唐皇，诗中的宋玉其实就是作者的化身。诗中表现的，就是作者岁月蹉跎、壮志未酬的忧愤，对统治者不用贤才的愤懑，以及对唐王朝的忧虑。所有这些，从诗句表面是难以看出的。要看出来，必得了解背景、用典出处，具有一定的文学、美学修养才可。

含蓄在主持过程中，可以作为一种策略。

比如杨澜采访姜文时，这样开场：

杨澜：你曾经在导戏这方面很久没有露面，如果作为一个演员也很久没有满意的剧本，你是否会害怕被大家所遗忘?

姜文：从来没有。我不希望天天有人惦记着我，这样我会心慌。

杨澜本意是说姜文很久没有导戏，而说“很久没露面”，接着又用演员打比方，但又不说演员很久没演戏，而说“很久没有满意的剧本”，这都是含蓄的说法，即有弦外之音。姜文兼有导演和演员双重身份，杨澜的提问可谓“一箭双雕”，但又很有分寸。

又如，杨澜采访电影导演陈凯歌：

杨澜：可以看出你对中国的历史和文化是情有独钟，但是我国历史上的故事太多了，为什么偏偏在这个时候，《赵氏孤儿》这样一个题材打动了您？

陈凯歌：我就觉得你恨不能说我是不合时宜。当年《霸王别姬》里的程蝶衣，《梅兰芳》里的十三燕，有人说就不合时宜，但这两个人物观众就很喜欢。比如说做人没棱角，美其名曰叫“圆润”；活得挺鸡贼，美其名曰“智慧”。

杨澜问“为什么偏偏在这个时候”是一种含蓄的问法，有很多东西包孕其中，但其核心的确有“不合时宜”的意思，却被陈凯歌抓住了其中的潜台词，给一语道破了，表现出陈凯歌有底气，不在意问题是否提得尖锐。而杨澜了解陈凯歌的个性，问话的含蓄反而更能激发对方表达的欲望，更愿意说出细节和真话，说出深刻和精彩。所以，这段对话可以看作两个智慧的文化人的思想与语言碰撞。

五、风格美

张颂主编的《中国播音学》，把“显现个性”列入“主持人节目播音的语言特点”之一，作了如下的表述：

“主持人在节目里呈现‘自我形象’。他依照自己的生活实践、艺术形象、心理结构去观察客观事物，并将事物的特征和内心感受加以有序的结合，使其具有独特性。另外，主持人具有不同的气质、素养、经历，体现在有声语言上常常带有个人的生活习惯和个性、气质所决定的常用语词和语气特点。听众熟悉后，很容易分辨出谁是谁。不同的主持人对事物存在不同的感受，甚至结构安排、语言色彩、语言风格各有区别，会产生不同的表现形式。显然，不同的主持人都有属于自己的、独特新颖的情感模式，这样也就带来播音的语言个性风格。语言所显现的个性，对受众构成了强烈的吸引力。”

魏南江在《节目主持艺术学》一书中，把“节目主持艺术个性”改称为“节目主持艺术风格”，并做了这样的定义性表述：

“所谓节目主持艺术风格，是指节目主持人在节目主持艺术实践中逐步形成的、并为广大受众喜爱的创作个性和艺术特色，它是主持艺术个性化的稳定状态的标志。节目主持艺术风格是主持人主持理念的外在显现，是主持人创造性劳动的结果与体现，是主持人在主持艺术道路上成熟的标志，也是一切主持人职业追求的最高境界。”①

前者是从播音语言的角度讲个性的，后者是从“主持”的整体角度（含语言）论述风格的。从两者表述的内容看，前者所谓“个性”实际上指的就是风格。

就笔者来看，个性与风格既有联系，又有区别。联系在于风格的核心就是个性，可以说没有个性就没有风格。布封所谓的“风格即人”就是从这个意义上说的。风格是“这一个”，即“没有两片完全相同的雪花”。但仅有个性还不足以成为风格，风格的要求更高、更严格。风格具有艺术的稳定性、创造性，受“广大受众喜爱”，而且是“主持人追求的最高境界”。因此，不是所有的主持作品都能称为有艺术风格的作品。张颂甚至认为，不是所有播音员、主持人的播音主持都能称得上创作，即使名播音员主持人也不是每次的播音主持都能称得上创作。既然称不上创作，那就更谈不上艺术风格了。何况具有同一风格的同一位主持人所主持的不同节目，其风格也有高下、精粗之分。从这个意义上说，对艺术风格的追求是无止境的。

从中央台到地方台，播音员主持人人数众多，加上新老更替，难以计数。能称得上有鲜明艺术风格确实为数不多。有绝大多数人当时就不能给受众留下什么印象，只有少数堪称具有风格的人即使已离岗多年，仍然鲜活地留在受众的脑海中。这是不争的事实。

谈到主播的幽默风格，受众会不约而同地想到崔永元。虽然崔永元也有失误，也有不足，但总体上说，还是瑕不掩瑜。

下面我们就欣赏几个片断吧：

片断 1

崔永元：《百家讲坛》是一个特别受欢迎的节目，就是没有固定的主持

① 魏南江：《节目主持艺术学》，中国广播影视出版社，2015，第 363—364 页。

人。台里觉得这么好的节目，应该有一个固定的主持人。我可以告诉大家，固定的主持人出现了。（笑声）在固定的主持人出现以前，崔永元先客串一下《百家讲坛》的主持人。（笑声）今天我要采访的这位嘉宾，大家可能比较“陌生”，易中天教授。让我们用热烈的掌声欢迎他！（在掌声中，易中天上场）来，拥抱一下。（与易中天热情拥抱）

易中天：我吃亏了，你个儿高！（笑声）哎呀，不好意思，我来晚了一点。因为我突然想起这本书忘了带出来，我拿书去了。（拿出书）你看是什么书？

崔永元：（凑近看，念）《不过如此》，这本书好像是我写的。

易中天：对对对，你写的。我今天当一回“粉丝”，给我签个名。（递书给崔。掌声、笑声）

崔永元：这个不能签，是盗版的。这书盗版的非常多啊！

易中天：啊？！

这一段是节目的开场。崔永元的开场白打破先介绍这次节目的主题，再介绍嘉宾的惯例，反倒从该节目的主持人入手，从“节目好”到“但没有”，到“应该有”，再到“出现了”；然而又说，出现以前，他先来“客串”一下。三言两语，却一波三折，峰回路转，庄中寓谐，“包袱”不断。易中天此时已是家喻户晓的人物，崔永元以“可能比较陌生”反说，到易中天出场后又做拥抱动作，似与老友无异。易中天则以拥抱为由头，以身高做文章，再抖“包袱”，又拿出书来作为道具，二人互相戏谑，幽默尽显；台上台下，气氛活跃，调动了观众情绪，实为主持案例所少见。

片断 2

崔永元：你接触过多少节目主持人了现在？

易中天：中央台吗？

崔永元：地球上的都算上。

易中天：二三十吧。

崔永元：二三十，你觉得我在当中算什么样子的？

易中天：你算最差的。

崔永元：我还没采访，就说我是最差的。

易中天：激励激励。

崔永元：其实我和其他的主持人还是有点区别的，我特别尊重被采访者。所以我第一个问题就是你有什么问题不可以问，有什么问题不方便说，你现在就告诉我。

易中天：八卦问题别问，个人问题别问，家庭问题别问，这个我已经苦不堪言。最近有几家媒体不知道哪儿找来三流文人，写我的爱情、婚姻，什么教育啊，写得不靠谱。

崔永元：这些问题都不能问是吧？

易中天：对，谢谢。

崔永元：谢谢大家收看今天的节目，再见。您看，观众的这个感觉，我觉得他们好像就是想听这些问题的，是吧？你看频频点头。

易中天：没有的事儿，这是你们忽悠的，你们就喜欢低估观众。

崔永元重新回到了主持人的话题上，二人你来我往，亦庄亦谐，有真有假、半真半假，在貌似互相戏谑的状态中实际上触及的是“尊重观众”“电视节目主持庸俗化”的严肃内容，而效果却是那种正襟危坐、不苟言笑的主持所无法达到的，感染要比说教好得多。表面上看，是两个人在对话，实际上崔永元调动了观众心理、情绪上的积极参与，在轻松开心的氛围里实现了电视节目“信息共享，认知共识，愉悦共鸣”的功能。

片断 3

崔永元：其他的事儿说得少。不能问是吧？那咱们说点轻松的，比如咱们找咱俩的共同点和不同的地方。

易中天：咱们来的共同点就是不说人话呗。

崔永元：我比你总结得更朴实，首先都是男人。

易中天：废话。

崔永元：不要看很多人是男的，但是他不一定是男人，对吧？我没好意思说咱们都是汉子。

易中天：就这么说，就这么说，就这么说。

崔永元：就这么说，都是男人，都很有名。

易中天：你有名，你有名。

崔永元：都有名，这个您别客气。都是靠中央台出的名，都出过书。您卖得好，我卖得差。

易中天：我今天不弄一个盗版来找你签名？

崔永元：然后都领到了稿费。我是30万，您领到了多少？

易中天：是不是想改行啊？你想离开中央电视台到我那儿去当我的财务总监什么的？你要是能够当我的财务总监，这多少钱你知道我也知道。

崔永元：还有一个共同点，就是咱俩的家都有财务总监。

易中天：我家没有，你家有。

崔永元：有，有，咱俩都有妻子。

易中天：咱俩都有女儿。

崔永元：对。都特别爱自己的女儿。

易中天：哎哟，那太相像了。

崔永元：特别爱她。对，都有妻子，我跟我妻子平起平坐，你呢？

易中天：一高一低。

崔永元：谁高谁低大家都知道啊。都喜欢历史，但是我跟你没法比，因为我喜欢历史是被迫的，我们高考要考这个，不喜欢你考不上。

易中天：那是不喜欢啊！

崔永元：后来就在学习历史的过程中，形成了我的历史观。今天跟您对话我觉得特别高兴，您看我的这个历史观对不对？

易中天：你的历史观我知道，就关心人家赚多少钱呗。

崔永元：您也不愿意说这个问题，您还老挑起这个问题。我那个书是30万，您那个是多少钱？

易中天：你不是还没改行吗？

崔永元：咱还是说历史观……

真是棋逢对手，将遇良才。崔永元借风生浪，顺藤摸瓜；易中天从容应对，瞅空反击；崔永元暗藏机锋，易中天游刃有余；时而步步紧逼，刹那间又握手言欢。从内容看，貌似朋友间“开涮”取乐，实际上语涉对“男子汉”的理解、“出名”的热点现象、盗版行为、妇女地位、家庭关系；在自然的转换中，又引入历史观的讨论这样一个宏大话题。产生的审美效果是积极的，积极的效果源自同具幽默素质的两强相遇。

同是采访易中天，杨澜表现出了另一种风格：

杨澜：当你在重新评述这些人物的时候，不但要用一个还原普通人性的观点，不但有现代人价值的判断，同时也还要考虑到大众传媒的传播方式和受众的心理，所以你会增加一点小作料。

易中天：对，因为这是我一贯的风格，倒也没有说是为了做电视节目就精心设计或者刻意怎么样。诸葛亮见刘备，情好日蜜。“情好日蜜”这四个字是《三国志》的原文，然后呢关羽和张飞有点嫉妒，他说咱这哥哥这么喜欢诸葛亮，就像什么，就像老鼠爱大米。老鼠爱大米是我在录制现场突然一下脱口而出，完全是没有事先设计的。

杨澜：但也正是因为有这种方式使得有些人看不惯。

易中天：对。他们觉得这学术问题怎么能这样讲呢，你怎么能说诸葛亮在城楼上唱卡拉OK呢？

杨澜：那你又为什么说自己是有点像探路的，或者叫扫地雷的，随时准备牺牲呢？为什么有这样一种不安全感？

易中天：因为想我们这样的一个平民又成为大家瞩目的公众人物，那么你再瞩目，你再有名，你也是一个弱势群体。有那么多媒体，在这样一个恶炒成风的文化氛围内，我们不得不学会保护自己。害人之心不可有，防人之心不可无。所以我现在有几个原则，一般不接受媒体采访；第二个，如果采访的话，我一定要在公众场合。

杨澜：有很多证人的情况下。

易中天：有证人的情况下我才说。比方说上次有一个记者就问我，说你的观众都没有读过《三国志》，他们并不懂历史，他们这样盲目地崇拜你，就会认为你讲的就是真理，你将如何对此负责？或者说你难道不应该负责吗？是这样的意思。

杨澜：好厉害，吓死了。

易中天：对，然后我说既然是盲目，那有谁能够负责呢？因为刚好那位记者是个女孩子，我说比方说今天有位小伙子盲目地爱上了你，也该你负责吗？

杨澜：这个回答当然很妙了，也是现场这样即兴啊。①

杨澜的采访显然不同于崔永元。她发挥了女性特有的敏感、细腻、温和、周到、善解人意的优势，设身处地看问题，提问策略委婉圆润，用语谨慎，不伤及嘉宾的面子，使对象产生安全感、信任感，谈话深入、真实。在这样的氛围中，嘉宾消除了戒备心理，杨澜则把女性知识分子的知性、温婉表现得淋漓尽致。

不同的主持艺术风格，以各自不同的色彩、形态、韵味展示于观众面前，满足着受众对美的追逐与需求。

第七节　情趣·理趣·意趣

《现代汉语》把“趣”解释为趣味，即使人愉快，使人感到有意思、有吸引力的特性。对“有吸引力”的事，会使人产生喜好的情绪，便是兴趣。所以，人们都认为，“兴趣是最好的老师”。一旦对学习或对某件事产生了兴趣，动力就会由内而生，源源不断，不觉其苦。兴趣，是一种情绪、精神层面的享受。于是，趣的有无，也就成为审美判断的一条重要标准。

① 熊征宇：《电视访谈节目主持人传播能力解析》，中国广播影视出版社，2015，第120—121页。

“趣”的种类很多，这里我们着重讨论的是情趣、理趣、意趣。

情趣，含情与趣两个方面。对艺术来说，情自然是重要的，有情的作品才能打动人，使人产生共鸣。情感是多样的，所谓“七情”也只是概而言之。并非所有的情都具有趣的特征，比如痛苦、悲哀、愤慨等。最重要的还是艺术表达，有没有能力做到情中含趣、情趣横生。

我们还是先来看一首杜甫的诗《遭田父泥饮美严中丞》：

朝来偶然出，自卯将及酉。
久客惜人情，如何拒邻叟。
高声索果栗，欲起时被肘。
指挥过无礼，未觉村野丑。
月出遮我留，仍嗔问升斗。

诗中写那位老农民“邻叟”非常真挚热情，把诗人邀到家里，从早上到晚上留着不放，作客久了越见人情的深厚，诗人无法拒绝他。那位老农民向家里嚷着叫添上果子、栗子，诗人要起来被抓住肘腕不放。直到月亮出来了还留住客人，嚷着让家里人添酒，频频相劝。

这是一幅幅生活气息十分浓厚的画面，“邻叟”对诗人的邀请、招待、挽留的情感真实、质朴令人感动。诗人对“邻叟”的感谢之情也流溢在字里行间，纵使“指挥过无礼”，亦“未觉村野丑”，就是很喜爱“邻叟”的含蓄表达。同时，诗人通过对“邻叟”诸多语态、动作的细节描写，展示其质朴可爱又可乐的形象，显得情趣横生。

主持人在主持的过程中可以吸收这样的经验，如果在情感的表达中增添一些趣味，无疑能够强化语言的魅力。

在浙江台一档叫作《他们在播种爱情》的节目中，主持人有这样一段开场白：

主持人：每天都是这样，夏日的夜晚在自然界的小合唱中悄悄地降临了。人们结束了一天的繁忙，带着各自一点小小的心愿，来到西子湖边，像这位蒙上深色面纱的自然的女儿要几片荷叶讨几缕清风，索取几分应得的安闲与情爱。人们都说，夜西湖是爱的西湖，那幽幽的小船，那静静的苏堤，那阮公墩仿古园的古筝，那湖心亭飞檐上的彩灯，都记下了人世间各种各样爱的故事。就在这样一个夜晚，我们浙江人民广播电台的记者们到“爱的西湖”进行了采访。

主持人开始语的字字有意、句句含情是显而易见的。景物的点染、旋律的优美，营造出了一种温馨浪漫的氛围。“小合唱”的比喻，“蒙上深色面纱的自然的女儿”的拟人化，“爱的西湖”的暗示，都使得语言增添了趣味性，让人乐听。

理趣。理趣，就是在道理的表达中含有趣味，在趣味的引领下感悟道理，从而避免说教引起受众的心理排斥。

比如杜甫《后游》：“江山如有待，花柳自无私。”写江山花柳像在等待人们去欣赏，用来说明大自然是无私心的道理。他的《秋野》：“水深鱼极乐，林茂鸟知归。”水深了鱼儿特别快乐，林木茂密鸟儿知道归来，暗示环境影响的重要，与我们今天的环保理念是一脉相通的。古代理论家沈德潜就是把上述两例列入“理趣”的。

再比如朱熹的《观书有感（二首）》：

一

半亩方塘一鉴开，天光云影共徘徊。
问渠那得清如许，为有源头活水来。

二

昨夜江边春水生，艨艟巨舰一毛轻。
向来枉费推移力，此日中流自在行。

第一首把半亩方塘比作一本书，书是长方形的，所以说半亩。把书打开了，好像打开一面镜子。天光云影比作书中丰富的内容。问那个方塘的水为何这样澄清，因为有源头活水流过来，以此表达书中的思想是如此清纯美好，因为它有丰富的写作源泉。

第二首写读书的两种境界：开始时比较费力，像在水浅的时候驶行一艘大军舰一样难以推移。后来功夫到了，积累多了，读书就比较容易。就像春水上涨，水位增高，大兵舰就会自然而然地浮起来，可以在中流自在地航行。读者读上面两首诗，从形象入手，联想对照，就可以得其理趣。

《实话实说》有一期节目，请来了“世纪老人”隆友于。老奶奶 100 岁，在座的 93 位观众都是老人的子孙。下面是崔永元与嘉宾对话的一个片断：

崔永元：奶奶您看现在日子好了，大家也想长命百岁，特羡慕您，您能不能给我们讲讲您长寿的秘诀，怎么身体这么好？

奶奶：我没有什么讲究，我吃的都是咸菜饭，什么都可以吃，苞谷、棒子面，我最喜欢吃这些。我就喜欢简单，粗茶淡饭，再好那些我都看不上。

崔永元：您刚才说了吃五谷杂粮，然后心情愉快，不生气，还有什么秘诀呀？

奶奶：劳动，我注意是劳动。平时一秒钟都不停，到现在的衣服还是我自己洗，不要别人给我洗。屋子的擦、扫，我哪个屋子都不要别人给我打扫，我都是自己打扫。

崔永元：奶奶说她现在每天还在劳动，我觉得电视前的观众可能不信，所以呢，我们就派了一个摄制组，到奶奶家去拍摄她劳动的场面。三点钟我们就出发了，因为奶奶早上四点钟就起来劳动。回来以后，我们的摄影师个个哈欠连天……

采访很富有理趣，一是在于不在概念、判断、逻辑推理上兜圈子，而是以具体代替抽象，而且是从奶奶口中说出。二是使用对照，以摄影师个个哈欠连天印证奶奶以劳动健身的奇特功效。摄制组人员早上三点钟出发，回来之后个个哈欠连天的画面令人忍俊不禁，让大家不得不回味奶奶口中的那个所谓秘诀。

意趣。简而言之，既要有意义，又要很有趣。人们通常首先为“有趣”所吸引，接着就会被牵引到意义的层面，有一种“言有尽而意无穷”的感受。

例如，白岩松在主持《学者系列访谈——季羡林》的开场白中，他以平和的语气讲述了这样一个画面：

有一个北京大学的新生入学带了大量的行李，他看见路边有一个纯朴得像农民一样的老者，便以为是学校的工友。于是，他让这位老者替自己看行李长达半小时之久。这位老者欣然同意，并尽职尽责地完成了任务。过了几天，北京大学召开新生入学典礼，这位同学惊讶地发现，坐在主席台正中的北京大学副校长季羡林正是那一天替自己看行李的老者。[①]

这段话很有趣，因为它给人们造成了很大的心理反差。在人们通常看来，请一位“学校的工友”帮忙并不算过分；可是，一旦明白这位“农民一样的老者”的真实身份，就发现事情本身的荒唐了。这确像相声里面的“抖包袱”。何况“欣然同意”并“尽职尽责”达半个小时，并不是什么人都可以做到的。人们会在内心嘲笑那位新生误判了对象。再思索下去，就会为这位身居高位的学界泰斗季羡林的人格魅力所折服，产生对以貌取人的社会心理的重新审视，甚至抵近人生境界的思考。这种思考又很可能穿越时空，挥之不去。这就是语言意趣表达的一种魅力。

情趣、理趣、意趣，其中都有一个“趣”字。我们通常说“生动有趣”，人们喜欢听生动有趣的话，毛主席在延安时期就批评过有些人做报告，“语言无味，像个瘪三，只有干巴巴的几条筋”。做到有趣，就要有各种积累，要运用多种思维方式，尤其是要注意形象思维。同时，“趣”不能脱离“情”“理”“意”，离开它们，“趣”也就失去方向而近于无聊了。

① 时间：《精神的家园》，华夏出版社，1996。

第三章 播音主持的艺术风格

第一节 风格·艺术风格·文学风格

一、风格

探讨播音主持的艺术风格，就必须首先讨论风格这一概念。歌德说："今后我们要时常使用这些词，现在我们来正确地阐明它们的意义并不是多余的。因为尽管这些词在文学上已经屡见不鲜，尽管它们由于在理论著作中的运用而似乎取得了固有的含义，可是每个人大抵都在一种特定的意义上使用它们，并且根据自己认为它们应该表示的或强或弱的概念使之多少具有一定的内涵。"①

在西方，风格一词的出现是很早的。德国美学家威克纳格指出："风格一词源于希腊文，由希腊文而传入拉丁文，最后再由拉丁文传至我们。希腊文的本义表示一个长度大于厚度的不变的直线体：σ τ υ λ ο ζ，训为'木堆''石柱'，最后为一柄作为写和画用的金属雕刻刀。"② 拉丁人加以援用并取其最后的意义"雕刻刀"。后来，英国、德国、罗马、希腊等国的学者以其隐喻义使用"风格"一词，引申为"写字的方法""说话的方式""演讲的技巧"、"言语的类型"以及"以文字装饰思想的一种特定方式"等。进而，风格被扩展到绘画、雕刻、音乐、建筑、文学等领域，用法更加广泛。

二、艺术风格

18 世纪，法国文艺理论家布封空前地发展了前人的风格论，全面、系

---

① 歌德等：《文学风格论》，上海译文出版社，1982，第 1 页。
② 同上书，第 17 页。

统地提出了一整套关于风格的学说，对风格的定义、种类、产生、价值等问题，都做了精辟的阐述。他认为风格是刻画思想的，其“刻画”一词，正同“雕刻刀”的含义相关联。布封“风格即人”的名言受到黑格尔的推崇。他说：“法国人有一句名言‘风格就是人本身’。风格在这里指的就是个别艺术家在表现方式和笔调曲折等方面完全见出他的人格的一些特点。”①

瑞士语言学家德·索绪尔认为“风格是个人语言的特点”②，他的学生、语言学家巴里在他著的《风格学概论》中说“风格是说话者个人语言感情的表达特点”，这就把风格限定在语言的范围，为语言风格的研究奠定了基础。

三、文学风格

在中国古代，曹丕在《典论·论文》里说：“文以气为主，气之清浊有体，不可力强而致。”这里的“气”，着重指作家这个创作主体的人格气质，人格气质蓄于内，宣诸外者为文气，文气取决于气质，故云“文以气为主”。他又在文中说“盖奏、议宜雅，书、论宜理，铭、诔尚实，诗、赋欲丽”，实际上就是在谈文体风格了。所以，可以认为曹丕的《典论·论文》是我国论文章风格的发轫之作，对后世影响直接而深远。曹丕之后，陆机的《文赋》是中国文学理论批评史上的一篇名作。它沿着《典论·论文》的方向，着重探讨文学的内部规律，第一次全面、系统地研究了文学创作的基本理论，其中他把文体分为十类并具体概括了其风格特征，还论述了作家个性和文学风格多样化的关系。这之后，刘勰的《文心雕龙》是对《文赋》文学批评理论的全面继承和发展。其中，《体性》篇论述了体裁风格与作家才性之间的关系，明确指出文学作品的风格是直接体现作家的才性，也就是才、气、学、习的特点的。同时，他还在研究了大量文学作品风格的基础上，把纷繁复杂的文学风格归纳为“典雅”“远奥”“精约”“显附”“繁缛”“壮丽”“新奇”“轻靡”八种基本类型，分析了不同风格相互之间的联系与发展变化，把对风格的研究进一步推向深入。

---

① 黑格尔：《美学》（第一卷），商务印书馆，1979，第 372 页。
② 索绪尔：《普通语言学》。

齐梁以后，以风格一词来说明文学作品特质的更日渐其多。如颜之推《颜氏家训·文章篇》中说："古人之文，宏材逸气，体度风格，去今实远。"杜甫在《苏端薛复筵简薛华醉歌》一诗中，用"座中薛华善醉歌，歌辞自作风格老"来称赞薛华的诗歌风格。令狐楚在《荐张祜表》中用"风格罕及"称赞他所推崇的作品风格，皮日休在《论张祜》中称颂"及老大，稍窥建安风格"，胡应麟在《诗薮》中称"令狐楚乐府，大有盛唐风格"。以至近现代以来，诗论、文论中关于风格的研究与论述，已经愈益丰富蔚成大观了。不仅如此，风格也成为美学、文艺学、语言学、修辞学、文章学以及其他一些学科共同使用的一个术语。因为学科不同，即使是同一学科，也由于看问题的角度不同，研究问题的方法也不同，因此对风格的定义也很难完全一致。

四、风格的特征

我国当代学者张德明在潜心研究大量中外关于风格理论的基础上，作了这样的总结归纳："风格，作为一般术语是指风貌、格调，是各种特点的综合表现。作为艺术风格，是指艺术作品内容和形式各种特点的统一表现。作为语言风格，是指语言体系本身的特点和运用中各种特点的综合表现，它既包括语言的民族风格、功能风格及语体风格，也包括语言的时代风格、流派风格、个人风格和表现风格等。"[①] 关于文学风格，张德明在本书中作了这样的表述："具体来说，文学风格就是文学作品在思想内容和语言形式上各种特点的综合表现，包括作品的生活题材、主题思想、艺术形象、情节结构、表现方法和语言技巧等各方面的特色、气氛和格调。"[②] 张德明的看法具有一定的代表性。

如前所述，风格这一概念被使用于许多不同领域，产生了众多的下位概念，但既然隶属于风格，就无一例外地具有风格的共同特征：

第一，是风格的独创性。

独，是唯独、独有；创，即创造、创新。独创性是风格最根本的特征，

---

① 张德明：《语言风格学》，东北师范大学出版社，1995，第30页。
② 同上书，第53页。

丧失了独创性或不具备独创性，风格就不存在。从这个意义上说，独创性是风格的灵魂所在。独创性强调主体性，但同时又尊重客体性，追求二者的高度融合统一。屈原的《离骚》这一旷世杰作的产生，当然离不开屈原所生活的客观环境、楚国的命运、个人的遭际，但为什么没有第二人能够写得出？当然与屈原人品、个性、艺术修养、理想追求、家国情怀、彼时的心境等有关。提倡要有自己性情即独创性的王夫之认为，《离骚》是“辞赋之祖，万年不祧”。这句话的意思是说，《离骚》的独创性不可企及。这种不可企及的独创性，以屈原对生活的独特感受为基础。“怨灵修之浩荡兮，终不察夫民心。众女嫉余之蛾眉兮，谣诼谓余以善淫。固时俗之工巧兮，偭规矩而改错。背绳墨以追曲兮，竞周容以为度。”“忳郁邑余侘傺兮，吾独穷困乎此时也！宁溘死以流亡兮，余不忍为此态也！鸷鸟之不群兮，自前世而固然。何方圜之能周兮，夫孰异道而相安？”《离骚》里的这些发自屈原内心深处的声音，是构成作品独特内容的重要方面。初唐时期的诗人陈子昂作品数量不多，但其《登幽州台歌》寥寥四句，却震烁千古：“前不见古人，后不见来者。念天地之悠悠，独怆然而涕下。”客体世界是古幽州台，一个悠久的古迹，是一派苍茫的天地；他所宣泄的主体心灵是历史的远眺、人生的俯瞰，是对人生和历史的总体叹息！辽远的客体与浩茫的主体心灵相遇合，于是鸣响了中国文化史册上的喤喤钟声。歌德说：“唯一重要的是给予风格这个词以最高的地位，以便有一个用语可以随时用来表明艺术已经达到和能够达到的最高境界。”[①]这样的“最高境界”正是创造主体极高、极强的精神气流冲天而下，与极深、极广的现实土壤相冲撞并交合的结果。独创催生风格，独创的品格是风格的生命之源，风格的成熟标志着创造主体精神的强大。

第二，是风格的稳定性。

所谓稳定性，是指创造主体在其某一历史时期甚至在毕其一生的全部作品中都鲜明地体现出他的固有风格的一致性、同质性，这种稳定性成为辨识创造者的重要依据。齐白石、徐悲鸿、傅抱石、张大千的若干作品即使不落

① 歌德等：《文学风格论》，王元化译，上海译文出版社，1982，第6页。

款放在一起，也能不太费力地把它们一一区别开来，这固然因为大师们相互之间风格的迥然有别，也同时因为同一大师的作品即使属于不同时期也仍然保持着风格的稳定性。至于古代大师们的画作，在不同时期风格也会发生某些变化，但构成其独特风格的一些重要因素还是会保留下来的，这也是后人鉴定他们作品的主要依据。鲁迅的杂文数量很大，但风格一致极易识别，被时人称为“鲁迅风”。其实，这种鲁迅风不仅体现在他的杂文里，就是在他的散文诗《野草》、散文《朝花夕拾》，乃至小说《呐喊》《彷徨》和《故事新编》里，我们也能从中体味出“鲁迅风”的味道。这就是风格的稳定性、一致性。

当然，同任何事物都具有相对性一样，风格的稳定性也具有相对性。随着时代的变化，社会生活的变化，异质文化之间的撞击与交流，创造主体自身遭际的变化，以及所表现的客观对象的变化等，风格也会发生某些变化，但原有风格的主要基因仍会或隐或显地保留下来，成为新质中的重要成分。另一方面，新的风格一经产生，又会产生相对的稳定性。这就使得运动中的风格处于相对静止的状态中，因而追求动中之静，乃是风格的稳定性的重要特征。

第三，是风格的多样性。

不同的民族会产生不同的风格。且不说世界之大、民族之众，仅我国就有五十六个民族。不同民族具有社会生活内容、风俗习惯、文化传统、审美心理等诸多方面的差异性，这些无不与风格的形成相联系。同是中国园林，颐和园、承德避暑山庄和苏州园林的建筑风格的区别显而易见；同是中国音乐，广西、云南的山歌与新疆、内蒙古的民歌风格的区别特别鲜明。颐和园、避暑山庄体现了满汉文化一定程度的融合，而苏州园林则是江南汉族士大夫审美情趣的集中体现。壮族、白族、傣族的山歌与维吾尔族、蒙古族的民歌不仅表现出内容上的不同，在音乐表现形式上也都各有其鲜明的特色。拿蒙古族民歌来说，在表现对象、思想感情、语言结构、语言韵律、表现手法、演唱曲调上都具有其民族特色，这些因素构成了一种特殊的色彩，即朴实、高亢、辽阔、悠长，带有典型的草原气质与风味，这就是它的风格的民族性。再听傣族的民歌，语言华丽、比喻丰富、想象神奇、对比鲜明、情感充沛、描写细腻，其风格显示出其民族的独特性。毛泽东同志讲，新民主主义的文化“是我们这个民族的，带有我们民族的特性”（《新民主主义论》），高度肯定“新鲜活泼的、为中国老百姓所喜闻乐见的中国作风和中国气派”（《反对党八股》）。他还说，艺术“要有民族特色，要有自己的特殊风格，独树一帜”（毛泽东《同音乐工作者的谈话》）。中国如此，西方不同国家、不同民族也具有各种不同的风格。伏尔泰在谈到作家风格的时候说：“在我看来，辞藻的华丽、隐喻的运用、风格的庄严，通常标志着西班牙作家的特点。对于英国人来说，他们更加讲究作品的力量、活力和雄浑，他们爱讽喻和明喻甚于一切。法国人则具有明彻、严密和优雅的风格。”①

不同的时代孕育出不同的风格。任何风格都是某一时代特征在作品思想和艺术特色上的显现，它是该时代的物质生活条件所制约的精神特点、审美要求和审美理想在艺术产品中的反映。看看我国古代的青铜器吧：商代晚期和西周早期的青铜器，一般体积庞大厚重，造型有一种狰狞的美，显示出一种神秘的威力，象征着奴隶主阶级统治的权威和秩序；春秋战国时期，奴隶制逐渐瓦解，呈现出“礼乐崩坏”的局面，青铜器不再为王室所垄断和专用，相当一部分青铜器转为日常生活的器皿，器壁变薄，重量变轻，讲究器用、造型、纹饰的统一，并且出现了各种生活气息十分浓郁的纹饰图案。再看一看文学：战国时代的散文感情激越、想象奇特、辞采绚烂、富有思辨性和论战性的特点，正是与当时群雄割据、学派林立、百家争鸣、富有创造力的时代特征相联系；汉代的辞赋，早期比较朴素，后期渐渐趋于繁缛，正是汉代社会政治、经济、精神状态发展变化的一种反映。建安时期军阀混战、世积乱离、风衰俗怨，以曹氏父子和建安七子为代表的“建安文学”则表现为情志深远、辞气充沛，在精神气质上充满慷慨的格调。而不同时代的建筑也自有不同的风格：故宫作为封建时代的建筑，典型地体现出了封建中央集权制度的特点，整个建筑群的中心太和殿高大森严，殿前空间广阔，而两侧供文武官员休息候朝处的朝房却很低矮，以体现出“天子至尊”“皇权至上”的理

① 伏尔泰：《论史诗》，《西方文论选》上卷，上海译文出版社，1979，第322—323页。

念；北京人民大会堂是新中国社会主义时代的建筑，既崇高、壮丽、雄伟，又给人以亲切、开朗的感觉，体现出人民当家做主的时代特征。时代在不断发展变化，风格也随之发展变化，这是风格多样化的又一重要原因。

风格多样化的成因很多，比如社会生活、客体世界的丰富多样及纷繁复杂，创造主体条件的千差万别，审美品位、审美需求的多样化等，在此不再一一细述。

我们现在谈到的风格，通常是限于艺术领域，或者是从艺术的角度来研判对象的。举凡文学、音乐、电影、戏剧、曲艺、舞蹈、绘画、雕塑、书法、摄影、建筑等，都存在风格的现象、理论与实践创造的问题。随着时代的发展，艺术已经在更为广阔的方面和领域与人类活动相结合，从而使风格的使用范围也随之不断扩大、拓展，这也是一种必然。

第二节　播音与主持的艺术风格

科学技术发展的历史进程决定了广播的出现在前，电视的出现在后。因为广播是只出声音不出图像，所以播音员的声音为广大听众所熟悉，播音员的本人形象只能存在于听众的想象之中。电视出现后，播音员直接出现在荧屏上，使其音与像同步呈现于观众之前，不但是观众“审听”的对象，而且又是观众“审视”的对象，从中可见广播播音与电视播音的异与同。虽然电视兼有视听两者的功能，但广播自有其不可替代的优势与活动空间，这就使得广播播音与电视播音成为并存的两种播音形式。从历史发展的进程看，可以认为，广播播音为电视播音开拓了道路，积累了经验，打下了基础。齐越、夏青、葛兰、铁城、方明、虹云等广播播音的前辈们虽然早就告别了播音岗位和他们的听众，但是他们的声音形象仍然强烈而鲜明地保留在亿万听众的脑海中，并且对播音界的影响将会是久远的。这一点，值得持广播电视优劣论的人认真思考一番。当然，需要声明的是，笔者毫无扬此抑彼之意。

随着电视业的迅猛发展，电视节目主持人应运而生，受到电视观众的关注，节目主持工作也显示出自身的特点。随着节目类型的多样化，不同节目类型的特点不同，主持的特点也就呈现出多样化。其实，广播也有许多不同的节目类型，也有相应的主持人，只是电视形象的直观性使节目主持人的位置更为突出。

时至今日，播音员与主持人的工作出现了越来越多的交错与渗透、融合的情况，使二者的界限难于简单、机械地区分。但播音与主持作为不同的工作类型还是自有其区别的。年青一代一专多能，多面手越来越成为常态，这当然是很可喜的现象。

那么，播音、主持是不是艺术呢？它们是否隶属于艺术的范畴呢？这似乎已经不成为什么问题，但是长期以来一直存在着不同的声音，至少也还有人怀疑，也是不争的事实。因此，要谈及风格问题，就有必要先对这个问题做点讨论。

有人认为，播音就是“念稿”，主持就是“说话”，而念稿只要有一定的识字量就行，说话则是人人具备的能力，因而谈不上艺术。这样的看法在一些人群中颇有代表性，但至少表明持此论调者对播音主持工作的隔膜抑或偏见，因而是浅薄、不专业的。

《现代汉语词典》解释“艺”的一个基本词义为“技能；技术”，解释“术”为“技艺”。单从“技能”“技艺”这个角度看，播音主持对此就有着非常高的要求。张颂指出：“播音有术。播音是在实践中生成的，也是经过实践检验的。它的理论，具有很强的实践性，它的实践，又有独特的操作性。在用气发声、吐字归音的训练中，有行之有效的路径和方法，必须循序渐进，持之以恒；在语言表达上，从有声语言的特点、创作的正确道路、思想感情的调动、语言表达的技巧，到话筒前的创作状态，都有一整套规律和一系列要求。”① 播音主持工作不仅需要系统、全面的专业理论的学习和训练，而且播音员、主持人还需要较高的天赋和悟性以及较为全面、深厚的生活积累和知识积累，需要在工作实践中不断地打磨和提升，方能胜任愉快、登堂入室，这些绝非一朝一夕之功。戏曲界有句话叫作“台上三分钟，台下十年功”，对播音主持来说，也完全是如此。赵忠祥的《动物世界》《人与自然》打动了亿万观众，其中，他那独特的音质美就是一种天赋。他虽然从业时只是一位高

① 柴璠：《当代广播有声语言的创新空间·总序》，中国传媒大学出版社，2006，第4页。

中生，但在中学读书时就成绩优异，有很广的课外阅读量，在校时已小有名气。工作后，他挤出时间博览群书、苦练业务，不使一日虚度，其中甘苦自知，这在他的著作《岁月回眸》中可以清晰地看到。难能可贵的是，他在“文革”时期被下放劳动的几年中，学习也未尝中断。之后，他又在完成繁重的工作任务的同时，完成了高等教育的学历教育，并在行业首次正高职称评审时以全票通过。

“艺术”的核心是创造，而播音、主持正是一种有声语言的创造活动。这一过程是播音员、主持人在话筒前“以有声语言为主干或主线、出头露面，驾驭节目进程”的创作过程。这一过程是“理解内容——具体感受——形之于声——及于受众”的过程，它追求的是高质量的传播效果和审美效果。文字转化为声音，这个声音要圆润、饱满、优美、流畅，把稿件的内容准确、鲜明、生动地表现出来，使受众不但受到思想的启迪、情绪的感染，而且得到精神的陶冶和美感的享受，使声音负载的信息入耳、入脑、入心。这就需要播音员、主持人综合运用丰厚的积累与储备，调动各种能力，进入理想的创作状态，抵达审美创造的艺术境界。对有稿播音来说，虽然播音由稿件所制约，以稿件为依托，为稿件所规定，但经由播音这一赋有审美创造的活动使稿件更新颖、更深刻，更具有色彩和分量，更充溢着吸引人、感染人的生机与活力。陈醇同志在一篇文章中回忆齐越当年的播音时说：“许多老听众一提起齐越总念念不忘他的优秀播音创作，《铁人王进喜》《县委书记的好榜样——焦裕禄》，他那充满激情的广播曾经打动了多少人的心田，鼓舞了多少人的斗志啊！近几年，他在北京广播学院任教，收音机里很少听到他那铿锵有力的声音了，可人们仍惦记着他。那天我一进屋，他就从书橱里小心翼翼地拿出一件艺术瓷盘给我看，这个精致的瓷盘直径约有 5 寸，中间绘制着齐越的一幅头像。是江苏一位老听众精心制作的。齐越将它作为珍品收藏，他觉得这是听众给他的奖赏，是对他的鼓励。是呀，这件瓷盘寄托着广大听众对人民播音员多么深厚的情谊呀！”①

① 陈醇：《陈醇播音文集》，中国广播电视出版社，2007，第 55 页。

播音主持是新闻领域里的成员，也是语言艺术领域里的成员，它追求音声美、韵律美、意境美，乃至形象美，因此，它的创造是一种审美创造，绝不是有人所谓简单的“传声筒”，也远远超出了一般匠人式的技艺，在艺术圣殿里它也占有重要的一席之地。这些都是不争的事实。柴璠在论述广播播音时这样写道：“广播有声语言创造活动本质上是表达主体和接受主体艺术掌握世界的方式。表达主体和接受主体是语言艺术掌握方式主体，只是掌握方式的角度不同。有声语言表达是表达主体的艺术创作活动，是听众的审美活动；广播节目的有声语言是表达主体的创造成果，是听众的审美对象；广播节目是表达主体的创作母体和环境，是连接表达主体、接受主体和有声语言表达的纽带。”① 这段话明确指出了广播播音的审美创造属性。

一、广播播音主持的艺术风格

我这里把广播播音主持与电视播音主持分开来谈，因为二者虽然有其基本的共性，但毕竟又存在着明显的区别，单纯诉诸语声、音乐、音响、音效是广播传播区别于电视传播的最主要的、最基本的属性和特征。

关于播音风格，张颂写道：“从人民广播诞生那天起，人民的播音风格就已孕育并逐渐形成。新中国成立以后，以中央台为代表的播音，便成为新中国播音风格的集中体现，并在全国各地电台开花结果。”② 张颂在这里所谈的显然是专指广播的播音风格。他还把新中国播音风格概括为：爱憎分明、刚柔相济、严谨生动、亲切朴实。这个概括，是科学的、准确的。实际上，他这里所概括的新中国的播音风格就是新中国播音的时代风格。任何艺术风格的形成，都同那个时代有着密切的联系，打上那个时代鲜明的印记。恩格斯指出，都“没有能超出他们自己时代所给予他们的限制”。③ 所有艺术家的创作个性，都带有其深刻的社会历史必然性，都会“因时而异”（鲁迅语）。新闻是时代的产儿，播音是时代的艺术，播音风格是播音艺术在新闻领域里的审

① 柴璠：《当代广播有声语言的创新空间》，中国传媒大学出版社，2006，第 121 页。
② 张颂：《播音主持艺术论》，中国传媒大学出版社，2009，第 160 页。
③ 恩格斯：《社会主义从空想到科学的发展》，载《马克思恩格斯全集》第 3 卷，人民出版社，第 405 页。

美体现。时代对播音创作的影响，对播音风格的形成，较之对其他艺术的影响更为明显。不同时代的政治、经济形势，社会状况，人们的实践活动以及价值观念、审美追求等，都会对播音风格的形成产生直接而强烈的影响。当然，在同一历史时代的不同历史阶段，基本风格也会发生某些变化，但这同样也证明了风格是不能脱离时代的。贾宁同志曾经写过一篇文章，叫《关山播音艺术风格管窥》，文章认为“风格是属于艺术家个人的，又常常体现了他所生活的整个历史时代的特点，艺术家的艺术风格无不打上时代的烙印”。[①]文章中，他对关山播音风格怎样反映了时代的特点又怎样随着时代的变化而演进作了很好的分析与概括，在此不赘。

张颂概括的新中国播音风格，是所有播音员主持人播音主持风格的共性。那么，它们的内涵是什么呢？首先，爱憎分明。它是指播音员主持人在播音主持时，要有鲜明的正确的政治立场，要旗帜鲜明地站在党的立场、人民的立场，以丰富的思想感情鲜明地传达稿件的精神实质，把深刻的内容音声化。播音中的喜、怒、哀、乐、爱、恶、惧等的表达，不但彰显出播音者的个性，而且互相错杂，使有声语言呈现多种色彩，上升到审美的层次。

所谓刚柔相济，就是指气质上的刚正不阿与柔情似水的结合，以及声音上的高、强、快与低、弱、慢的对比变化。要使刚与柔互为依托，相互补充，刚柔相济，相得益彰，体现出中华民族的性格和人民群众所喜闻乐见的中国作风和中国气派。

所谓严谨生动，就是体现逻辑思维与形象思维相辅相成的紧密关系，逻辑严密，脉络清晰，入情入理；要有真实的形象感受，准确把握稿件反映的客观事物的个性特征，做到言之有物，内容完整，目的鲜明，技巧多样，音声丰富。

所谓亲切朴实，就是把平易近人、声声入耳的传达要求与真情实感、大巧若拙的播音体现紧密地联系在一起。要体现出与听众之间平等的同志式关系，不装腔作势，不矫揉造作，在运用技巧时不露痕迹，全心全意地为听众服务，使听众在亲切自然的感受中受到感染和教益。

---

① 《中国播音学文集》，贵州人民出版社，1994，第 371 页。

上述四个方面是相互联系、不可分割的。

作为播音风格共性的“爱憎分明、刚柔相济、严谨生动、亲切朴实”，又是通过播音员的播音创作和独特的创作个性表现出来的。因此，播音风格又体现出多样统一、异彩纷呈的特点。作为播音主体，是以个体的形式出现的，“一人一声”，这是生理特点的个体差异决定的。这种差异，还表现在不同的年龄段和性别的区分上。即使是同一位播音员，他在主持不同的栏目类型，播报不同文体的稿件内容时，也会根据栏目类型的性质、特点、要求，根据不同文体的语体风格而调整自己的播音创作风格。

中央人民广播电台播音员雅坤，其新闻节目播音风格呈现出明朗、大方的特色，而在主持《今晚八点半》这一综合性文艺节目时，其风格又显示出亲切热情的特点。又如播音员林如，在播新闻通讯类稿件时风格质朴而含蓄，而在播政治性、文献性稿件时又呈现出大度的风格特点。

此外，同一内容的稿件由不同风格的播音员去播，也会呈现出风格的差异来。比如齐越、夏青，都是中国播音界的泰斗，前者风格雄浑豪放，后者风格严谨端庄。当他们朗读毛泽东诗词时，虽然都体现出主席诗词大气磅礴的风格，但齐越是在雄浑豪放中体现出磅礴的气势，夏青则在严谨端庄中体现出宏大的气魄，可谓异中有同，同中有异；既实现了主客体的统一，又保持着各自禀有的鲜明独特的个性。

风格是艺术成熟的标志，是艺术臻于化境的结晶。对于广播来说，广大听众喜欢接受那些风格新颖独特的播音主持艺术作品。因此，风格也是广播播音主持努力追求并实现的目标。

对于传播者而言，追求风格的形成首先要从自己的实际出发。首先是嗓音条件。比如，夏青的声音特点是浑厚，具有一种阳刚之美。这种先天条件使他擅长政论播音，成功地播出了党和政府的重要文件、社论、评论、公告及一些重大新闻，体现出严谨庄重、稳健大度的风格，以至人送绰号“政府”。林如音质纯正，音色优雅甜美，之后在播音实践中逐渐形成了以质朴、清淡、含蓄、自然见长的独特风格而深受广大听众喜爱。再听一听中央电视台主持人张悦是怎么说的吧：“1969 年，中央人民广播电台从上千名知识青年中挑选了六个人，其中就有我。我的声音条件确实给我带来了很大的压力。中央人民广播电台的王牌节目是《新闻和报纸摘要》，但我涓涓细流般的小声细气，决定了不管怎样努力，也永远上不了这个节目……”① 其次，是性格特点。性格特点的不同，影响着语言表达的方式。播音员的性格不同，会使其形成的播音风格有着不同的呈现。虹云的性格较为活泼，播音具有开朗洒脱的特色；张悦的性格较为温柔，其播音显得细腻、甜美。播音风格必须适应不同类型的节目和文本特点，播音员就要考虑自己的性格、气质与什么样的节目、稿件文本的特点、要求相一致。比如，不能设想，让宋世雄去播政论、政府重要文件或古典诗词，让夏青、方明去播报体育新闻和现场解说体育比赛，那样一定会闹出笑话，尽管他们都是播音界的翘楚。其中的原因，不仅是声音特点不同，也因其性格特点不同，宋世雄的性格明显带有“霹雳火”的特征，更适应体育竞技场上那种激烈张扬、迅疾变化的情形。人们所熟悉和喜爱的播音员徐曼，就是依据自己的个性特点选择了《空中之友》节目，用自己甜而不腻、软而不靡、轻而不浮、美而不妖的语言表达特色倾倒了众多海内外听众，树立了《空中之友》主持人这一特有的形象。性格气质具有独特性、稳定性，它是播音员主持人创作的心理和生理方面的内在动力，是其审美个性的心理、生理基础。播音员主持人外在的表达方式，必须与其构成审美个性的心理、生理相统一，才能具有真正属于自己所特有的稳定性与生命力的风格。

追求风格形成的另一重要因素是播音员主持人要明确和确立自己的审美理想和追求，进而不懈地追求。林如说：“我的播音比较平淡，但是我努力做到淡中有情，感情浓缩的清淡。”（林如《从生活出发》）情浓而语淡，正是她传达感情的独到之处。把丰厚的感情加以提炼、浓缩，用清淡的语言传达出来，从而更显得内在感情的丰厚，内在语意的深广，进而构成了她的播音风格的核心特征——含蓄。她的播音看上去是浓与淡的对立，实则是诚与朴的统一，因为她浓缩感情的内核是“诚”，她清淡语言的实质是“朴”，她的含蓄的风格正是在这对立统一中实现的。林如在《与基层通讯员通讯》中说：

① 翁佳：《润物细无声——张悦访谈录》，载《主持人》第 9 辑，中国广播电视出版社，2001，第 32 页。

“你说，你喜欢含蓄的、分寸恰到好处的播音，我自己也有同样的追求。不过，这是很难的。前些时候，看了电影《城南旧事》，到影片结束后，我竟不愿离开，好像还有所期待似的。这部电影在平静、清淡的基调里，包含着浓重的感情。它所应该说的，似乎并没有说出，或者没有说尽，而留下了强烈的传导作用，使观众根据各自不同的经历，引起无边的回忆和思索。我想，这就叫含蓄吧！在播音工作中也要掌握语言的传导力量，把感情的信息传导给听众，在听众的心里逐渐丰富、升华。”林如通过看一场电影，引发了她对于业务的思考，对播音风格的思考，可见她对自己的审美理想的思考与实践是孜孜以求的，是渗透在她的生活的时时处处的。林如之所以能够成为她那个时代播音界的代表人物之一，足以给我们留下深刻的启示。

此外，播音员主持人的人生经历与社会实践也是其风格形成并走向成熟的重要因素之一。齐越同志三岁丧母，在家里备受歧视和冷遇，从而孕育了他的反抗精神，养成了倔强、寡言的性格。在中学读书时，开始接触进步书刊，接受了进步思想的影响。考取西北大学后，参加了中共地下党组织领导的“北方学社”和轰轰烈烈的学生运动，被反动当局列入黑名单，通缉搜捕。1946 年，冒着生命危险越过国民党封锁线，到了冀鲁豫解放区加入革命队伍。1947 年春，在胡宗南窜犯延安时，党选派他到陕北新华广播电台工作，成为“中国共产党的第一位男播音员”（梅益语）。从此，齐越经历了解放战争以及新中国成立，与中国共产党和中国人民同呼吸共命运，完成了无数次重大播音任务，从而在播音过程中形成了他爱憎分明、坚定豪放的播音风格，也成了新华广播电台的播音标志。此后，他和着新中国前进的步伐，继续探索和完善，使他的播音风格更加成熟、鲜明，受到亿万听众的肯定和喜爱。听众评价说：齐越播音气势磅礴、坚定豪迈、爱憎分明、准确生动，开创了人民广播的一代新风。“一个播音员要具有属于自己的播音风格，必然具有一种区别于其他播音员的特质，这种特质是其经过长期的播音实践后逐渐形成于骨子里的、独有的特质。”[①] 齐越是中国播音界的先驱者之一，在几十

① 姚喜双、杨成：《谈罗京的播音风格》，《现代传播》2010 年第 1 期。

年从事播音事业的生涯中，他注重业务实践、生活实践、社会实践和教学实践，正是在不懈的实践中，他的播音风格、播音境界才不断得到新的升华。

再谈一谈广播播音主持风格的模仿问题。什么是“模仿”？《现代汉语词典》解释说：“模仿是照某种现成的样子学着做。”在生活中模仿的现象是很多的，比如，小孩子对大人的模仿，初学书法的人对字帖的临摹，学习绘画的人学习素描等，都是模仿。就说临摹字帖吧，字帖一般都是前代书法大家或书法名人的优秀作品，学习者根据自己的审美爱好选择一种或几种加以临摹，从而提高自己的水平和能力，最终找到一条符合自己特点的成功之途。其实，这是很正常的，也是符合规律的。一般说来，被模仿者一般都是经过艺术的实践检验证明了它是成功的、优秀的东西，学习者首先对其怀有强烈的羡慕和追求之心。对初步踏上广播播音主持的新人来说，首先步入模仿阶段应该说是很正常的。有言道：“取法乎上，仅得其中；取法乎中，仅得其下。”向大师学习，与大师对话，可以看作是正途。但是，模仿只是初级阶段。齐白石老人所谓“学我者死，似我者生”，所谓“学”，指的是一味机械地模仿；所谓“似”，是指取其神似，得其环中，化人为我。据说郑板桥一开始总是模仿别人，久之，进步不大，陷入苦闷。有次夜深，他在床上辗转反侧不能成眠，下意识地在他夫人背上画来画去。他夫人醒来后生气地说：“人各有一体，你自画你体，何必画我体！”郑板桥忽然从夫人的话中悟出了书法的道理，通过反复摸索，终于创造出了他所独有的“板桥体”。这件逸闻，虽然强调了艺术必须走创新的道路才有前途，但如果前面没有模仿的练习阶段，郑板桥的“板桥体”恐怕也只是“空中楼阁”而已。我们知道，张颂是反对模仿的，但请注意，他说的是“切忌机械模仿”，反对“亦步亦趋地模仿”，认为机械模仿只会“画虎不成反类犬”，这话说得是很对的。

付程教授在谈到这个问题时认为，机械模仿，是指播音员主持人模仿自己所推崇的某著名播音员主持人的声音和表情方式。机械模仿的危害在于造成表情方式与稿件、节目内容的距离感，即貌合神离和表达上的千篇一律，千人一声。有一位播音爱好者在给齐越同志的来信中说：“我常模仿您的声音，但是只有读您读过的同一篇文稿才像，一换到别的稿子，声音就像断了弦的琴一样走了调……这样一来，我的声音总是不易改善，念稿的范围也缩小了。对此，我很苦恼……”播音作为语言的艺术，其永恒性，一是在于信息量，二是在于独创性。表情方式、手段是别具一格、不落俗套、个性鲜明，独创性就越强，信息量就越大，也就越吸引人，使人难以忘怀。齐越、夏青、林如、葛兰、沈力、徐曼、赵忠祥、方明等播音员主持人的声音、形象，只要一出现，听众、观众便马上认同。他们成功的重要因素之一，就是他们的播音个性鲜明，有自己的特点和风格。而机械模仿则往往给人以虚假、做作之感，所以是不可取的。[①]有道是“先规矩而后巧”，由形入神，以神驭形，以求形神兼备。节目的定位有区别，稿件的体裁、内容有区别，时代的不同历史阶段有区别，学习播音在取对方的神髓的同时，一定要注重自己的实际条件，注重自己独特的体验、独特的感受、独特的理解，逐步进入自由创造的新天地。

广播播音主持不同于电视播音主持，虽然二者之间存在着紧密的联系和许多共同之处。所以，要在广播播音主持中形成自己的风格，就必须了解这些差异，从而增强追求风格的自觉性。

广播有声语言是完全脱离具体画面的单纯依靠声音传播的大众传播口语，节目只能被“听”。“只闻其声，不见其人”，是广播有声语言的总体特征。它不像电视播音主持那样，具有音像性，集视、听手段于一体。唯其如此，广播传播缺乏电视传播所具有的诉诸视听觉的声像语境，播音员只能靠有声语言来传递信息，这种音声性的单一性和限制性，给播音员的声音质量、语言表达技巧提出了更高的要求，同时也给播音员提供了无限广阔的创作天地，这种创造性，正是在这种限制性中生发出来的。

广播播音需要播音员广泛拓展和开掘音声传播的各种功能，尤其是其审美功能，它需要受众发挥联想和想象的能力，创造具有个人主观能动性的想象世界。播音员通过播音，可以充分发挥有声语言的想象性为广播效果塑造出更丰满、广阔的空间感，想象的不确定性使这种空间感虽不具象，但足以

① 付程：《播音创作观念论》，北京广播学院出版社，2000，第113页。

同受众的内心经验、感情偏好、倾向性认知和判断发生千丝万缕的联系，形成特殊的媒介关系。由于广播没有电视画面的视觉刺激分散听众的注意力，单纯诉诸声音的广播语言更能充分调动受众的感知觉的主动参与。这就要求广播播音员更加注重生活体验和内心经验的丰厚积累与强化，使创作目的明确、创作思路清晰、创作手段多样、创作肌理细致；要求播音员主持人能够最大限度地调动听众的感知觉和联想与想象，与他们产生共感、共鸣，进行隐性或显性的情感互动。广播播音员主持人要从传播内容、方式、技巧、意图、宗旨出发，实现预期效果，更要发挥自身个性特点，形成鲜明的艺术风格，赋予广播节目较高的辨识性和生命力。在广播有声语言传播中，表达主体的语言功力、语声的表象等要素对有声语言表达创新的内涵方式、风格等都发挥着决定性的作用，进而影响传播效果。所以，广播播音员主持人必须把握住广播播音的这些特征，才会有助于播音主持质量的提高和风格的形成与成熟。

二、电视播音主持的艺术风格

电视是借助现代科技手段由广播发展而来，电视播音主持是在继承和借鉴广播播音主持的基础上，根据电视传播的特点所做的必然性的新的开拓与延展。从新中国的广播发展史来看，新闻播音始终占据主导位置；其次，就是文艺播音。由于这些播音基本上都属于有稿播音，播音员在播音创作的过程中精力就更集中，对播出的质量要求就更高、更严格。因此，在新中国播音史上涌现出了诸如齐越、夏青、葛兰、林如、方明、铁城、虹云等一批标志性的人物。我们注意到这些具有鲜明艺术风格的广播播音员有不少后来转入电视播音主持岗位，立即成为电视播音力量的中坚，受到广大观众的推崇和喜爱。这对那些只注意于外在仪表、轻视播音、不注重播音基本功训练的人，具有深刻的警示、启示意义。无论是广播还是电视，无论是播音还是主持，播音的扎实、深厚的基本功都是最重要的。因此，作为电视播音员主持人明确认识到这一点，对于自己播音风格的追求会是必要的，大有裨益的。

广播的特点是其音声性，而电视的特点则是音画同步，播音员主持人直接出镜，面对广大观众。如果说，广播播音主持强调“先声夺人”，那么，电视播音主持则要面对观众听觉与视觉的双重检视，观众通过“见其人”“闻其声”决定其审美感受与审美判断，表现出接受还是排斥以及接受的程度和彼此距离的远近等。因此，电视播音员主持人的风格必然是让人“悦耳”的声音特色与使人“悦目”的相貌、形体、表情、动作等之间的和谐统一。电视播音主持除了像电台播音那样具备有声语言的表达技巧外，还应了解和掌握自己的形象来表达思想感情的技巧，训练培养注意力的集中，对形体动作的控制力以及运用表情表达不同情感的能力、眼神的运用能力等。

与前面讲到的广播播音主持风格一样，电视节目多种多样，不同类型节目的性质、要求不同，电视播音员主持人的艺术风格也必须适应相应的不同的要求。在新闻类及社会问题研讨类的专题节目中，形象应是庄重大方、态度鲜明的，从而给人以信赖感。在教育类的知识性及服务性节目中，形象应是博学多闻、亲切自然、平易谦和的，给人以亲近感、认同感。在文艺类节目中，形象应是潇洒倜傥、含蓄敏锐的，从而与文艺类节目的欣赏性、娱乐性相一致。

比如在谈话类节目中，崔永元主持的《实话实说》参与的现场观众多为普通民众，讨论的话题多为基层社会老百姓关注的话题，所以崔永元的穿着打扮、发型设计、幽默风趣而又机智诙谐的语言风格、平易亲和的表情与语态，都与节目的内容、性质相一致，体现为具有平民化特色的主持路线。深圳卫视的《饭没了秀》的主持人强子，在这一少儿节目中特别善于与小朋友们交流。他的语言简单、幽默、贴合小朋友的年龄和心理特点，参与节目的小嘉宾们也总能在他的引导下积极表达自己的想法，甚至语惊四座。由于身高差距，他在与小朋友沟通时常常采用蹲跪的姿势，这种“平等”的高度拉近了主持人与小嘉宾们的距离。在主持过程中，他还注意全面运用身体语言，常常是边说边做，这种全身动作与他幽默的语言、节目的性质完美结合，使《饭没了秀》成为享誉全国的少儿节目。

有的观众看了《焦点访谈》，认为主持人敬一丹的性格就是严肃。对此，敬一丹说：“严肃只是我性格中的一面，任何人的性格都可能是多方面的，这种严肃是真实的，是我本人性格中存在的，但它不是全部。只不过恰巧主持了一个严肃的节目，就把我性格严肃的这一部分放大了，以至于很多人以为我就只有严肃了。”“《焦点访谈》没有给主持人太多笑的机会和笑的理由。面对不平、腐败、黑暗面，怎么笑得出来呢！严肃是我所主持的节目所要求的，也是与我性格中的部分因素相一致的。”[①] 与之相映成趣的是，敬一丹后来主持了《直播中国》，她说：“在直播中，我的屏幕形象确实和在《焦点访谈》里有了很大的反差，节目的内容和形式都变了，主持人的状态当然也要相应地变了。赏心悦目的机会多了，我不会总皱着眉头了，我终于有机会笑了。看到那好山好水，我能不笑吗？看到那些有意思的人，我能不笑吗？亲历那些有趣的事，我能不笑吗？”[②]

从上述举例及分析中，我们看到节目类型、内容、性质对播音员主持人播音主持风格的规定和制约的一面。那么，除了播音员主持人在“被动”中主动适应节目的要求和规定之外，还有重要一途就是选择，那就是要知己知彼。那就是要准确地、真实地、全面地了解和认识自己，包括自己的形貌、声音、性格、气质、知识结构、兴趣爱好、生活积累、生理心理特征、素质修养、专业能力、审美理想等，了解自己的长处是什么，短处是什么，哪些是可塑的，哪些是不可塑的，等等。这是知己。所谓知彼，就是要明确和全面地了解不同类型的节目对播音主持的基本要求是什么，什么类型的节目最适合你，有利于你的发挥和发展，进而向风格的高地进发。马谛主张“主持定位类型化”，她说：“节目定位类型化，就是使节目主持工作符合节目类型的规定性要求，达到与节目类型相匹配、相契合的状态的过程。”[③] 她提出了两点理由：第一，社会化的要求。社会是以一定的物质生产活动为基础而相互联系的人类生活共同体。个人的社会化，既是个人不断地适应社会的过程，也是社会不断地模塑个人的过程。个人既是主体，又是客体，社会化既是个人的自我转化，也是社会转化个人，是个人与社会两种力量相互作用的结果。其中，自我转化的动力来源主要是主观因素的作用。主持定位类型化既可以最大限度地满足个人的愿望，帮助其强化“自我转化”的意识，也能充

① 敬一丹：《99 个问号——敬一丹漫谈主持人》，中国广播电视出版社，2004，第 142 页。
② 敬一丹：《99 个问号——敬一丹漫谈主持人》，中国广播电视出版社，2004，第 164 页。
③ 马谛：《娱乐节目主持艺术》，中国传媒大学出版社，2016，第 60 页。

分调动其主观能动性，激发其创作愿望，尽早实现其专业理想，使其少走弯路。第二，是专业化的要求。社会分工的精细化、职业的专业化，带来人才需求的专业化。大众传媒行业是一个高度职业化的行为，其行业分工清晰、明确。随着我国传媒事业的发展，不同类型的节目日渐增多，主持人的专业分工越来越细，专业水准也日渐提高。节目主持定位类型化既有利于节目主持人准确、深入地把握所主持节目的规律与特征，有效提升主持人的专业技能和业务水平，也有利于提升节目的专业水准和传播效果。马谛上述观点是对当前我国播音主持实践的理论总结，是符合实际的。少数机缘巧合的幸运者一进入业内就很快碰上了适合自己个性特征的节目，使自身尚不清晰的“主持优势”得到了彰显，从而一举成名。而更多的节目主持人一开始起步时就缺乏主持定位类型化的明确意识，往往都是在走了很多弯路，经历了相当长的探索之后才找到自己最佳的主持定位，最终如愿以偿地主持了符合自身个性发展的电视节目，有的最终也没能够从事自己适合节目的主持工作，这自然造成了人才资源的浪费。敬一丹结合自己的情况说了这样一段话：“在我的本色当中，不太具有快乐、幽默的色彩，因此，我就不太适合主持那种快乐类型的节目；我的节奏变化幅度不大，不善于主持热闹的节目；我比较拘谨，不适合在舞台上主持节目。这是我对自己的认识。我觉得主持人和栏目之间的磨合，需要主持人对自己的本色有一个清醒的认识，别去做那种勉强的事情。如果自己的本色中缺少某种色彩，却硬要去做某种栏目，可能是一种吃力不讨好的事。”[①] 敬一丹做过多年的播音员，从基层电台、省台到中央台，又从播音员到主持人，是“金话筒奖”的获得者，她的看法是从她长期从业的经历和实践中得出的，等于现身说法，极具说服力和启示意义。虽然以上两例所谈角度都是从主持人这一角度而谈的，实际上电视播音也是如此，道理上是相通的。

上面，我们谈到了电视播音员主持人要尽早形成自己的风格，应该主动正确地选择与自己的条件“对路”的节目。当然，这不是一厢情愿的事情，

① 敬一丹：《99个问号——敬一丹漫谈主持人》，中国广播电视出版社，2004，第14页。

播音员主持人的主动性还停留在建议和要求的层面上，领导答应不答应、认同不认同、有没有从实际出发科学选人用人的思想和眼光；再有，就是客观上是否存在真正与你的情况对路的节目。这些，都是很关键的问题。有时，甚至你自己对是否适应某个节目心里都没有底，或者由于管理体制等个人无法改变的原因你没有选择的余地，怎么办？著名播音员主持人赵忠祥的经历和实践有助于我们对这一问题的思考。

1960 年，中央电视台在全北京市高中应届毕业生中选拔播音员，赵忠祥成为唯一的入选者和中央电视台第一位男播音员。直到 1985 年以前，他的主体工作就是新闻播音。长达 20 多年的时间里，他在屏幕上发布的重大新闻不计其数。这期间的党代会、人代会、政协会议的会议情况与会议公报、党和国家领导人的国务活动的报道，多次国庆盛典的实况转播、采访多位国内外政要、原子弹试验爆炸成功、“文革”中毛主席八次接见红卫兵、周总理答外国记者问，直到毛泽东、周恩来、朱德等开国元勋逝世的悼念活动，他都参与了播发。可以说，赵忠祥步入了电视播音风格的成熟期，在中国电视播音界的男播音员中可谓首屈一指，事业上如日中天。

可能是赵忠祥所谓“风头正劲”的原因吧，1985 年他被通知从新闻播音岗位上撤下，“在工作中面临最终的选择”。也许是为了免去处理复杂的人际关系，环境的安静、工作的单纯，他选择了电视台国际部去专门主持解说《动物世界》。这时赵忠祥没有“在挫折中消沉”，没有去怨天尤人，没有因工作的“单调”丝毫减损他的事业心、责任心。这一次，成为他从播音员到主持人的一次重要转轨。他说：“我在茫然的情况下，摸索着一条适合我走的路。”

开始解说时，他只是把它作为专题片，对准画面，把每一段解说词念好。由于他那时对动物特别是野生动物的知识了解很少，解说时“对温驯善良、玲珑可爱的动物注入更多的爱；而对大型食肉动物，只觉得是那样的残忍和丑陋而列入可憎之类。我差点走上为动物惩恶扬善的解说路数。”[①] 在解说了一两年之后，他在情感上被内容打动了，关于野生动物的知识增加了，对

① 赵忠祥：《岁月回眸》，中国工人出版社，2016，第 226 页。

野生动物的理解由片面进入科学，于是他开始掌握和运用解说词那拟人化的手法，深刻把握到解说词的写作风格与情调，认为一系列的解说词“几乎都是对生命的讴歌，是一系列的优美的散文诗篇”。于是，在《动物世界》解说的继续中，他将其定性为给人美感，唤起爱心。使节目的内涵远远超出了动物的范畴而步入立意更高、更远的境界。在这个播画外音的过程中，他创出了受观众喜爱的《动物世界》的播音风格，也是他自己最喜爱的风格，认为是《动物世界》给了他新的艺术生命。

赵忠祥这样总结他的艺术风格的前后变化：“我解说《动物世界》，最大的收获就是找到了一种适合我的发声结构、发声方法，而又能准确地与之相协调的播音方法。我在二十多年播送新闻的过程中形成了平白直叙的风格，声音追求响与亮，语言要求平整规律，感情只限于喜与怒、爱与恨的一般表述。因此，在一个时期以来，我解说的许多专题片，只有高亢昂扬，而少有阴柔低缓。”他不无感慨地说：“《动物世界》把我的播音道路拓宽了，同时在业务上终有代表。”[①]《动物世界》这个节目在中国长盛不衰，播出了14年。可以说，《动物世界》的恒久的生命力与赵忠祥播音主持艺术风格的艺术魅力是血肉相连的。

赵忠祥没有想到《动物世界》与他结了缘，也没有想到他的解说风格会以《动物世界》为代表。这里的两个“没有想到”说明了事情本身的偶然性，但任何偶然里面都包含着必然，只是偶然性为必然性开辟了道路。他的确在遇到重大挫折时“茫然”过，但“茫然”是短暂的。他的处变不惊，他不怨天尤人的品质，他对理想的不懈追求，他对事业的执着，使他应了那句老话：“塞翁失马，焉知非福”。于是，在他事业的重大转折阶段呈现出了峰回路转、柳暗花明、新的生机华彩勃发的崭新篇章。其间，他所做的努力与坚持、探索与追求是显而易见的。事物的互相转化，固然需要一定的外部条件，但在有了相应的外部条件时，内因就成为决定因素了。“造化弄人”看来也不尽是坏事，关键还是看“人”如何面对、素质怎样。孟子所谓“天将降大任于斯人也”的哲言，司马迁在《报任安书》中“屈原放逐，乃赋《离骚》”

① 赵忠祥：《岁月回眸》，中国工人出版社，2016，第230页。

的那番感叹，皆可做上述观点的佐证。

风格是真善美的高度和谐统一。电视播音员主持人应该把真善美的高度和谐统一作为自己追求的艺术风格的最高标准和终极标准。也许有人会说，这个标准太高了，难以实现。但是，这却是由播音员主持人的职业要求和他们身上肩负的重大责任与光荣使命所决定的。当然，绝对做到是不现实的，它也不存在一个量化的具体的标准。但它又是客观存在的，是可以在这个总目标下通过长期的努力无限接近的。你向它每靠近一步，你的艺术创造的境界就会上一个新的台阶。这是新闻传播事业的需要，也是人民的需要。

那么，什么是真呢？简单地说，真就是真实，反映事物本质面貌的真实，虚假是他的对立面。比如，播音员主持人面对受众，你所传达的思想、感情、态度、观点、立场等是否是与你内心世界真实一致的反应呢？如果不是，那你的传达就是遮蔽、掩盖下的一种传达，然而，再高明的掩饰手段也难免露出破绽，以致影响传播的可信度和播出效果。因为电视播音员主持人是直面观众的，他的声音、感官、肢体动作、表情都直接呈现在观众面前，一抬手、一投足、一颦一笑都影响着广大观众的感知与判断，虚假的东西是难以逃遁的。也许有人说，创作者如果在家里遇到什么不愉快甚至痛苦的事，总不能在工作现场表露出来吧？当然，然而这是两码事。当从业者进入工作现场，那就必须“入境”，这应该是一种职业本能，所谓“戏比天大”，此之谓也，同样反映了从业者更重要的人格的真实的一面。这与虚假的“两面人”完全风马牛不相及。再有，如节目内容引发播音员主持人情感的强烈反应，但由于新闻传播机构的特定性质与传播任务，这种情感强度必须控制在一定的范围或程度下，同样也不是什么虚假的问题，你播报诸如强烈地震引起的严重灾情时能够呜咽、泣不成声吗？你的控制是合理的、必要的，为观众理解和接受的。但如果你对灾区人的灾难感情色彩上流露出一种淡漠来，那问题就严重了。但这只能说明你还不配做一位人民的播音员，更不要谈什么艺术风格了。你要掩饰内心的淡漠，则势必在你的工作状态中有所反映，这是难以蒙蔽观众的。

真，在美学中的概念是合规律性。语言表达是有规律的，电视播音主持也是有规律的，违反了规律，就是违反了真。就电视播音主持而言，从规律出发，延伸出规则、规范、规矩等，这些都是必须切实遵守的，播音主持是在其约束下的主观能动性的发挥，水平、能力的提升则是一个从必然王国到自由王国的渐进发展过程。

善，善良、慈善、有爱心，与恶相对。这样理解是从道德伦理层面的理解。对于播音主持而言，要爱大自然，爱人类，爱祖国，爱人民，爱你的事业，爱观众，爱同事，爱亲人，有一颗大爱之心。《动物世界》节目组出版了这个节目的解说词集，赵忠祥执笔为序，他写道："在我们的家园——地球上，据说存在着百万种以上的动物。天上飞的，地上跑的，水里游的，草里蹦的，千姿百态，瑰丽多彩""猎豹那矫健优美快如闪电的奔跑、蜂鸟那稍纵即逝的玲珑身影、角马迁徙时威武壮观摄人心魄的场面、懒猴在热带雨林夜晚眨动的大大的圆眼、西班牙山林的金雕、澳大利亚的考拉、蓝色海洋中通晓人意的海豚、远游 30 年仍然重归故里的大海龟，一切一切都活生生地在我们眼前跳动""伴随画面的解说词也为我提供了大量信息和珍闻，字里行间蕴含着动人的情调，与我的感情发生共鸣。对我来说，每一次工作都是一次欣赏和艺术享受。很多稿件采用的是拟人化的手法，能使我们更深地体味到各种动物为了生存、繁衍和发展所付出的艰苦、拼搏；使我们认识到那些野生动物是人类的朋友；使我们对各种动物产生了一种近似相濡以沫的感情"，想到"每年每月、每时每刻都有动物的个体与物种的消亡……因为人类活动而遇到生存危机，就更令人担忧。……人类应该为它们担心，为它们分忧，为它们倾注更多的关注与爱心。每当想起动物世界的命运，我就无法以嬉笑调侃的腔调来解说，我无法在解说时抹去那对它们岌岌可危的命运的一丝叹息！"[①] 这里，显然可以看出：赵忠祥是怀着强烈的爱心进入创作状态的，他的爱的感情与文稿的创作者高度一致，他的发音方法、播讲方式与他的感情相一致，他的声音是他心灵的镜子、心声的流淌；他爱动物，爱动物世界，就是爱大自然，就是爱人类，因为动物命运、人类命运是联系在一起的。他的

① 赵忠祥：《岁月回眸》，中国工人出版社，2016，第 224—225 页。

解说，既体现了善，也体现了真，这无疑是成就了他的《动物世界》播音风格最基本的原因。

善，在美学上的解释是合目的性。这里的目的不仅是个体的、群体的人的目的，更是人民大众的目的，符合全人类根本利益的目的。《动物世界》的内容，帮助人们提高对野生动物的认识，提高人们对保护动物、爱护生命、保护生存环境的认识，它的宗旨是善；赵忠祥按照节目内容、形式的规定性，找到了与之高度契合的音声表达方法、表达技巧，通过自己创造性的播音主持完美地实现了节目播出的目的和自己艺术追求的目的，也就是达到了善。

关于美。《现代汉语词典》把美解释为美丽、好看（跟丑相对）以及令人满意等。这显然不是关于美的严格的科学定义。《词典》之所以这样解释，因为给美下一个完整的、科学的定义是非常困难的，在古今中外美学家中，至今没有一个让各方面都认同的说法，而是产生了众多不同的理论派别。但是，无可否认，他们也分别在某些局部、角度、层面上发现了一些局部真理，其理论贡献是不可忽视的。庄子有所谓“天地有大美而不言”，董仲舒有所谓“天地之行，美也”等，其中说的美是指天地运行的规律。显然，这与我们前面谈到的真相同。也就是说，真的才是美的，合事物发展规律的才是美的。汉代许慎《说文解字》说“美与善同义”。《淮南子·修务训》中提到“君子修美”，高诱注道：“美，善也”，这显然把美定义为伦理学范畴，认为只有善的才是美的，故中国有“美德”之说。西方的哲人柏拉图就说过：“所有善的东西都是美的。”由上可见，真、善与美的联系是非常紧密的。我们的审美经验告诉我们：一个虚伪而又奸诈的人（无论是“美男”还是“美女”）怎么能给人带来美感?《孟子·尽心下》说：“可欲之谓善。”可，是适合的意思，与人的生理欲望相联系。孟子又说：“食，色，性也。”把喜欢美色看作人的天性，后人有“美色”一说。《韩非子》的“香美脆味”与今之“美味”同义。《列子·杨朱》的“为美厚乐，为食色耳”，则指人的感官享受。这些说法，都把美与人的感知觉联系起来，说明美是可以通过人的感官感知的。西方有一重要美学理论派别提出“美在形式说”，认为美重在形式，强调了美的形式对于美感的重要性。马克思在《1844 年经济学——哲学手稿》中提出“人化的自然界”和“人的本质力量的对象化”以及“人也按照美的规律来建造”等重要论点，还强调了“有音乐感的耳朵，能感觉形式美的眼睛”等，为我们理解美提供了科学的理论基础。

广播电视播音主持属于艺术的范畴，这在前面已有论述。因此，播音主持必须进入审美的层面和境界，这是题中应有之意，是不言而喻的。

国家广播电影电视总局曾经强调播音员主持人必须“德才兼备、声形俱佳”。这里的德、才与真、善相联系，而声与形则关涉到美了。张颂说：“所谓‘声形俱佳’，当然是指：声音悦耳、口齿清晰、表达准确、语言畅达、形象端庄、仪态大方、举止文明、气质高雅……这正是播音主持人才的特殊性，这正是广播电视传播的独特性。”[①] 因为广播电视传播是以有声语言为主干或主线、出声露面驾驭节目进程的人，处于前沿、中介、纽带的地位。广播传播的“声情并茂”，电视传播的“声画和谐”，才能使受众获得悦耳动听、赏心悦目的美感享受。张颂批评说：“可是，目前在广播电视界却弥漫着一种‘声音、形象不那么重要了’的论调。有的台，有的领导，完全忽视了广播电视传播的规律，忽视了这一专业人才的上岗标准，什么人都可以在广播里出声，什么人都可以在电视里露面。于是，我们可以从广播电视里听到声音嘶哑者、方言严重者、表达懈怠者、语言生涩者的谈天说地，无效信息充斥其中；我们从电视里看到其貌不扬者、行为失范者、表情木然者、自我表演者的频频出镜，举手投足，令人生厌。”[②]

广播电视具有信息传播功能、思想教化功能和审美愉悦功能等。这三大功能是虽有区别但又互相联系、互相制约的。因此，于这三大功能相联系的真、善、美之间的关系也是同样对立统一的关系。对于播音员主持人来说，要通过自己的创作活动努力践行真、善、美的高度和谐统一。对这个统一越接近，就越有利于风格的形成和成熟，越有利于把艺术风格不断推向新的更高境界。

---

① 张颂：《播音主持艺术论》，中国传媒大学出版社，2009，第 66 页。

② 同上书，第 66—67 页。

第四章　播音主持艺术实践的美学原则

马克思强调社会实践与美的关系，认为“人也按照美的规律来造形”。[1]播音主持作为一门艺术和一种创作实践活动，它存在着自身发展变化的客观规律。从业者要入门进而登堂入室就要认识和遵循它的规律。人们在实践中认识了它的规律，便总结出指导实践的原则或标准，以达到事半功倍的效果，以便少走些弯路。对于播音员主持人而言，需要遵循的原则有许多方面，如政治原则、道德原则、工作原则等，这里仅从审美实践的角度出发，谈谈应该遵循的主要的美学原则。

第一节　厚积薄发

先说说一位在国内名气很大的电视节目主持人，他叫白岩松。白岩松毕业于中国传媒大学的前身——北京广播学院，专业是新闻采编。毕业后找工作几次遭受挫折，最后峰回路转幸运地到了中央人民广播电台新闻部。但最后的岗位被领导定在《中国广播报》，用白岩松的话说就是出乎意料、晴天霹雳，“我一时有些蒙了”。在同伴们“先干着再说”的劝慰下无奈地上了岗。但是若干年后，白岩松是这样回忆这一段《中国广播报》的工作生活经历的：“之所以在语言表达方面还有一点点长处，回头看，是当初几年的报纸编辑生涯给自己打下了一个极好的基础。尤其值得庆幸的是，能有几年报纸生涯并非当初自己所愿，一系列的偶然，制造了这个结果。但恰恰是这一结果最后

① 马克思：《经济学——哲学手稿》，人民出版社，1957，第59页。

给予自己的训练，帮助自己在走上新路以后有了一些底气，尤其值得感谢的是，正是当初不情愿的报纸生涯最终给了自己改变的机会。所以感谢是要在回头的时候首先脱口说出的，同时也感慨命运的神奇和‘塞翁失马，焉知非福’这句话的深意。”[①] 作为编辑，他要了解电台的各个栏目，看哪些栏目适合给报纸供稿，哪些人适合给报纸供稿；他要担负文章的修改、标题的制作、版式的设计以及版面的风格创意等。此外，他的笔就没有停过，“从评论到散文，从专访到年终回顾，一篇接一篇，成了我文字的高峰期”。有些文章还在业内引起了很好的反响。这些为他转入中央电视台做主持人提供了重要契机和重要条件。他后来在回答别人关于口才以及口才训练的问题时这样说道：“古人用出口成章这个词来形容某人口才之好，并不是偶然的。我一直不认为口才在于技巧，而是来自于结构和内容。因此，口才的训练并不是天天练绕口令和猛背字词发音就能够大功告成的。口才的功夫应该在诗外，一个文章的章字透出个中的奥妙来。也许每一个以嘴为生的人，都应该在训练舌头的同时，更加注重心灵、大脑和手的训练，多用心灵感悟，多用大脑思考，多用手写文章，时间久了，如有一定的语言发声的基础，那才可以把口才当成一个目标。”[②]

白岩松的这段人生和工作经历，可以说是他“厚积”的一段过程。知识面得到了拓展，人际关系的组织能力、协调能力、沟通能力得到加强，思维能力、文字表达能力在实践中得到强化和提高，“不说感谢已是一种不可能的事”（白岩松语）。白岩松是一个肯努力、能吃苦也能坚持的人，他从小学到大学毕业都是他积累的过程，不过当报纸编辑这一段经历的积累更典型、更鲜明地说明了“厚积”的意义和重要性。厚积为薄发打下了基础，提供了前提。有了这一段重要的积累，崔永元介绍他到中央电视台《东方时空》帮忙，他才能在“帮忙”的过程中有优良的表现之后而被正式调入且成为骨干成员，受到观众的认可与广泛好评。

专业方面知识的积累当然是很重要的。虽然现在新闻从业人员的学历普遍比较高，但是学科本身也在发展，新知识、新理论、新理念、新观点、新

① 白岩松：《痛并快乐着》，长江文艺出版社，2010，第36页。
② 同上。

经验也在不断发展和出现，知识需要更新和补充，新事物、新现象需要正确的认识和把握，从中得到启发与借鉴。所以，如果停留在原地，靠吃老本，注定不能适应它的发展。

我们知道，播音与主持涉及的领域十分广泛，除了专业方面的知识与能力之外，还需要尽可能丰富的非专业方面的知识作为辅助与支撑。因此，许多非专业方面的知识必然会涉及。从读书这个角度看，非专业方面的书籍也要涉猎，不必是专家，但也要略知一二，以备不时之需。鲁迅曾经告诫青年作家，不但要看文学方面的书，其他方面的书也要看，尽可能“杂”一点，甚至包括一些“闲书”，以活跃思维、开阔视野。比如，做访谈节目，对象可能是社会名流、国内外政要、艺术家、科学家，也可能是教师、医生、学者、工人、农民、企业家以及来自基层的不同方面的社会人士，会涉及方方面面的问题，如果知识视野、知识储备偏窄，那你如何能够做好案头准备和各种预案，如何才能顺利地驾驭节目以达到预期的目的呢？当然，这些准备不单涉及相关的知识，还要涉及对许多有关情况的了解，等等。

此外，还比如需要情感方面的积累。播音员主持人熟悉和了解社会，深入一线，深入基层，深入人民群众，了解他们的生存状况，了解他们的困难、希望和要求，了解他们的喜怒哀乐，做到与他们声息相连、情感相连，才能具有真实而丰富情感积累，具有深入而切实的情感体验。这样，无论是播音还是主持，就会“情动于衷而形于言”。播音，则声情并茂，使声音充盈着情感色彩和人文魅力；主持，则会真情弥漫，自然真实，叩人心扉，使观众产生共鸣并留下深刻印象，达到传播的目的。

播音员每一次的播音，主持人每一场的节目主持，时间和内容都是有限的，这就是“薄发”；而每一次的播音和主持的背后，都是以长期的、持久的积累为支撑的。所谓“台上三分钟，台下十年功”，说的也是这个意思。此即“厚积”，厚积才能保证艺术生命的恒久，厚积是一个无限延伸的过程。以播音员主持人的话语样式而言，“话语样式外在表现为一定的声音形式，但这个声音形式不是空壳，它不仅仅有物理属性，还有社会属性，里面包含着丰富的内涵。因此，不同语境往往需要播音员主持人运用不一样的话语样式来表现。当然，在同一种类型的节目中，由于具体节目的风格要求不同，对播音员主持人的要求也会不同。例如《新闻联播》和《朝闻天下》都是新闻播报类节目，前者更注重稳重大气，后者则更强调通俗灵动。即使是同一内容，在不同的栏目里播出，也会因栏目风格不同而在话语格调方面做相应的调整。当然，同一栏目中的话语格调也并非是一成不变的，相对而言，时政类新闻庄重感较强，文体类新闻则更偏于通俗灵动，但总体要有稳定性和统一性，不能出格。正因为如此，《新闻联播》的节目风格和节目内容决定了罗京在节目中相对稳定的话语样式和格调，始终没有太大的变化。如果看过罗京主持的谈话类节目，你就会惊异地发现原来罗京还可以在节目中意气风发、诙谐幽默地与嘉宾畅谈；如果看过罗京主持的科教类节目，你就会被他娓娓道来的动人讲解所深深吸引……”[①] 在这段文字里，我们可以看到，只有“厚积”才能适应工作的挑战，只有“厚积”才能够胜任愉快。罗京的成功背后，必然有一个“厚积”的过程。而且，这个过程是一个不曾中断、不断延伸的过程。

积累致厚，然后才能开辟出驰骋的空间，为以后的举重若轻打下必要的基础。积累是多方面的积累，这里不一一详述。

至此，我这里还要强调一下“薄发”的问题。

“薄发”是有针对性的。一是针对主持人直面现场嘉宾和观众的时候，有的主持人不能准确地把握自己的角色定位，有一种自我表现的冲动，出现与访谈对象“抢话”的情况，希望把自己准备的东西，尽可能多地抖搂出来。这种做法，忘记了节目的宗旨和主持人的任务是什么。一般说来，主持人的作用和责任在于组织串联、现场应变、人际互动、驾驭控制、提问采访、把关整合等几个主要方面。主持人的重要地位是自不待言的，但并不意味着在话语的篇幅和占用时间上占得更多一些，恰恰相反。打一个比方，一场报告会，会议主持者是为与会者和报告人服务的，报告人才是真正的主角。优秀的主持人一定要善于倾听，这是把主持任务完成好的重要条件之一。主持人的谈话是一种人际交流，没有“听”的对象，就不会有“说”的兴趣，“说”

---

① 刘卓：《罗京现在开始播音》，中国传媒大学出版社，2019，第 226 页。

需要“听”的支持。谈话节目主持人是在时说、时听的状态中主持节目的，正如美国著名谈话节目主持人拉里·金所说：“要善于访谈，首先要善于聆听。……谈话的目的就是要同别人沟通，你只要表现出真诚、热情，并且愿意聆听，就会成为交谈大师。”① 张颂批评说：“主持人虽然处于节目的中心，却必须服从节目内容决定节目形式，节目形式又反作用于节目内容这一原则。有的主持人装腔作势、哗众取宠；有的节目主持人，冷漠懈怠，漫不经心，实际上已游离于节目之外，破坏了节目内容和节目形式的和谐统一，也便失去了主持人的含义。”②

主持人主持访谈类节目，一定要瞄准目的，精心设计，精选材料，而不可出于私心，喧宾夺主。主持人阿忆说：“总之一句话，主持人的智慧只能包藏在三言两语之间，必须淹没在嘉宾智慧的光环之中。我们姑且把主持人在节目中隐现的智慧称为间接智慧，违背了它，想出风头，妄图赤裸裸地表现自己的聪明，那就死定了。”③

“薄发”，二是针对访谈过程中因积累不够、材料不足，而出现“盲点”的。民间俗话说得好，“在家千日好，出外一时难”“多带点钱以宽备窄用”。访谈过程是一个动态变化过程，如果遇到“盲点”可能就会出现“梗阻”，导致尴尬或者闹出笑话，伤害媒体形象。“薄发”虽说“薄”，但它又很关键。“薄”，要发得出，发得准，发得好，主持人要重视这个“薄发”。当然，主持人不可能是万能的，不是百科全书，但碰到这种情况要冷静，要有临机应变的准备。

第二节　循序渐进

循序渐进符合人们认识世界和改造世界应该遵循的客观规律。由易入难，由浅入深，由少到多，由近及远，由低端到高端，由熟到精，由简单到复杂等，都是循序渐进的表现。

① 拉里·金：《访谈节目主持人开出的健谈处方》，中国广播电视出版社，1998，第 329 页。
② 张颂：《播音主持艺术论·向主持人进一言》，中国传媒大学出版社，2009，第 310 页。
③ 阿忆：《间接智慧——闲谈电视节目主持人》，《南方电视学刊》2005 年第 3 期。

中国有很多老话都是表达做事要循序渐进的意思，例如：“没有学会爬就不要去学走”“先规矩而后巧”“熟能生巧”“一口吃不成胖子”“不积跬步无以至千里”“楼盖的越高基础越要牢”“心急吃不了热豆腐”等。人们对事物的认识总是由此及彼、由表及里反复多次的过程，而且认识是在不断探索实践中呈现出螺旋式的上升运动，是螺旋式，不是直线式。所以，孔子说：“三十而立，四十而不惑，五十而知天命，六十而耳顺，七十而从心所欲不逾矩。”（《论语》）他这里所说的“矩”就是规律、规矩、法则，“不逾”就是合乎规律，合乎法则，不违反规矩。“从心所欲”就是从必然王国进入到自由王国的境界，所思、所言、所行似乎不假思索，但无不中规中矩，绝无不妥之处。也就是说，长期地学习、修为、实践，那些规律、法则的观念已了然于心，融入到血液和灵魂里而臻于化境。这个境界，孔子认为七十岁方能够步入，可见绝非一蹴而就之事。

就拿普通话来说吧，它是播音员主持人入行的最主要的基本条件之一。无论是广播的声音传播还是电视的声画传播，都有一个“声”字。有人说，广电人是靠嘴吃饭的。可见，声音、普通话的水平是第一位的指标。首先，标准不标准；其次，美不美。达到标准了，不一定达到美的要求；但是达不到标准，也就从根本上谈不上美不美了。我们国家现在实行普通话等级考试，从事播音主持的从业者必须达到测试标准。那么，是否通过了标准测试就证明没有问题了呢？张颂在《关于播音标准的思考》中说过这样一段话：“普通话的一级甲等，97 分以上即可达到，但 97 分以上意味着允许出现 30 个 0.1 分的扣除率，即 30 个小错误。这从传播层面看，不是太多了吗？就说 20 分钟的节目，有一两个哪怕是字音错误，就相当多了，何况 30 个？”[①] 张颂进而提出了下列标准：无差错标准、明晰性标准、真诚性标准、适应性标准和审美性标准。在无差错标准中，要求“字音、词汇、语法、语流及知识、常识、观点、论点等不允许出现差错”。在审美性标准中，要求“从用气发声、吐字归音，到表达技巧、艺术处理，都必须进行审美观照，竭力避免粗俗、

① 张颂：《播音主持艺术论》，中国传媒大学出版社，2009，第 39 页。

低俗、庸俗、世俗，全力进入音美、意美、情美、形美的审美视阈”。其中，用气发声、吐字归音的要求均处于首位，是对普通话播音最基础的也是最重要的要求之一。这在专门院校里面列入基础课程，属基本功训练，有人以为学过了就不再重视。可是须知，这个基本功将在播音员主持人的全部工作生涯中时时表现出来，时时发挥着作用。中国传媒大学播音主持艺术学院的吴郁教授在《第十四届优秀电视播音主持作品讲评》中有这样一段话：“用声吐字方面，有的人缺乏基本功训练，用声‘紧’‘挤’，声音尖扎刺耳，有的声音‘噎’，容易疲劳，难以担任重大播音题材的播音主持；有的咬字偏前，口腔不开，吐字含混，或拙或无力，影响传播的清晰度和感情色彩；有的男声女气，或创作道路不对，盲目模仿某人的语言形式，‘假来劲儿’，十分可笑。”①

重视基本功训练，打下扎实的基本功的基础，循序渐进，这是迈入艺术殿堂的不二法门，一切有突出成就的人，莫不如此。达·芬奇从画蛋开始，反复练习，终于成就了一个大艺术家。还说发声练习吧，赵忠祥说：“声音的训练从理论上讲非常简单，无非是气息的控制、声带闭合与共鸣腔的调节这三个部分。然而关键是练，是实践。在训练中，对我影响最大的是王嘉祥老师，他是中国歌剧院的演员。他总结了一套民族发声规律，当时有很多演员跟他学习。”他认为，播音员安身立命之根本，还是靠运用声音来表达内容。因此，对声音的训练无疑是最重要的基本功。他写道：“练功，其实就是功夫，就是坚持不懈。这不但锻炼人的机能，也磨炼人的意志。冬练三九，夏练三伏，寒暑不辍，这并不是一件容易事。我们不论头天晚上播后会开到几点，睡得多么晚，第二天五点以前就得起床。我和大渝约好在车站见，乘第一班车，在北海公园大门没开之前就等在那里。这三年风雨无阻，下雨打着伞进去，下雪时，在白茫茫的一片园地上留下第一行足迹。现在我回想起来，不得不佩服当年的劲头。”②

学绘画从素描开始，学音乐从基本乐理、识谱、练声开始，学太极拳从

① 《播音主持艺术》，北京广播学院出版社，2004，第 60 页。
② 赵忠祥：《岁月回眸》，中国工人出版社，2016，第 208 页。

站桩、拳架开始。这些，乍一看都是最简单的、最初步的，但又是特别重要的，必然经历的阶段。太极拳教学界有句话叫作“学拳容易改拳难”，为什么？因为急躁冒进必然导致动作的变形、不规范，一旦形成习惯，一辈子改也难。所以又说“太极十年不出门”，可能听者觉得夸张，但确为真言。简单与复杂、易与难、浅与深之间存在着一种复杂的辩证关系。在播音主持工作中，从起步开始一定要遵循循序渐进的原则，方能事半功倍。切不可急功近利、好高骛远，做出“火候不到就掀锅盖”的傻事来。

第三节　恰当得体

恰当，就是合适、得当，恰如其分的意思。

用词、用语要恰当，不能有错误、出偏差。比如有一位电视娱乐节目主持人在主持节目时这样说：“提到蒋大为，大家首当其冲想到的就是《在那桃花盛开的地方》……”，这就是用语的错误。错在成语“首当其冲”的使用不当。她的本意是指“人们首先想到的是……”的意思，而首当其冲的意思则是比喻最先受到对方的冲击、压力、攻击，或首先遭受灾难的意思，这与主持人所要表达的意思是风马牛不相及的。这个成语使用的频率较高，出错的频率也较高，原因是不明白“当”是面对的意思，“冲”是要冲、交通要道的意思，这里取其比喻义。使用者不明所以，又不愿意查一下工具书，于是犯下望文生义的错误。尤其是一些常用的字、词、成语读错、用错，就难免会贻笑大方，审美效果也就大受损害了。对正处在学习阶段的青少年来说，主持人的示范效应就会产生误导作用，对主持人来说，出这样的差错是不能允许的。另外，汉语里面有大量的近义词，虽然意义相近，但还是存在着不同程度的差别，如果不能选用“最恰当的一个”，也会使语义受到损害。很多人都知道，著名的中央电视台播音员罗京，无论是在单位还是回到家里，字典、词典这样的工具书总是常置案头，甚至随身携带，一本《新华字典》都被他翻旧了，翻毛了，翻破了。多少次播音，他能做到“一字无差错”，他对工作、对事业的这种态度受人尊敬，尤其值得业内人士学习。

恰当，又如语气、语调的恰当。少儿节目，针对的是幼小的孩子，语气、语调应该体现亲切、柔和的特点，语速稍慢，语调多变，语气词的使用多一些，表达要注重直观性，符合少儿的年龄、心理、生理等特点。主持人鞠萍、刘纯燕等优秀少儿节目主持人做得特别好，受到广大少儿的喜爱和业界的广泛好评。如果是老年人广播电视节目，则应注意语气舒缓，不急躁，要像与父母说话谈心一样，站在儿女的角度，传递出关爱呵护的情感。如果是中年主持人，使用的语气就要像与邻居家大哥大姐话家常时那样，站在兄弟姐妹的角度，体现出对受众的理解和关心。著名播音员主持人沈力，退休后担任《夕阳红》的主持任务，当时已经60岁，人们评价她说："她主持节目，好比与亲朋好友相聚，目光平和，透着几分亲切与温馨，总是好像就在老百姓的地边、炕头和赵钱孙李、男女老少聊天，拉家常，但又不失得体和高雅。"[①] 新闻节目的信息量大，与其他节目相比，主持人的语速就要稍快一些。由于新闻类节目主持人体态语的使用受到限制，其情绪多是靠语言、语气的微妙变化传达出来的，主持人要在保证信息传达准确、客观的前提下，通过对语言、语气的调节与控制传达出或严肃或疑问，或紧张或舒缓等情绪，以与新闻内容相配合。

对现场观众以及访谈嘉宾的态度，也有一个是否恰当的问题。比如，主持人采访名人、政要甚至国家元首、政府首脑等"大人物"，有的主持人在身份、态度上就自降一格，这样做就是不恰当的。采访者与被采访者、主持人与嘉宾，人格地位是平等的，不是仰视与俯视的关系。尊重对方是应该的，尊重是相互的，尊重不等于矮化自己的身份，因为你代表的是你所在的新闻单位，甚至是新闻界，在国外你代表的是你的国家。如果对方年事已高，采访者表现出晚辈对长辈应有的尊重，那完全是题中应有之义。如果对方是普通民众，甚至属于社会上的弱势群体，主持人绝不可持有傲慢轻视的态度，而应表现出平等、亲和、关心，显示出对对方的尊重。

为了活跃现场的气氛，有些访谈节目或娱乐节目的主持人常会在主持

---

① 普权：《读你千遍不厌》，《科学养生》2004年第7期。

过程中使用诙谐幽默的语言，甚至开个玩笑；把握得好，能够拉近彼此的关系，增强节目效果，自然应该肯定。但是，一定要注意把诙谐幽默与低俗、粗俗、恶俗严格区分开来，开玩笑也要看具体对象、现场环境，也要把握分寸，做到恰当适度，否则就会适得其反。有的电视节目主持人开玩笑不当，损害了对方的自尊，造成了现场的尴尬，这样的教训是应当记取的。

宋玉描写美人有“增之一分则太长，减之一分则太短；敷粉则太白，施朱则太赤”的佳句，说的就是和谐、合度。古代思想家提出中庸之道，有人予以批判，以为是“和稀泥”、是“无原则”等，起码这是一种误解。中庸之道即孔子所说的“过犹不及”，做任何事情都有一定的标准、尺度，既不能“过”（过头），也不能“不及”（不到位），而应该恰如其分、恰到好处。比如播音员主持人的着装问题，新闻节目就要强调庄重大方，娱乐性节目可以具有一定的时尚特色，但也要把握分寸。同是主持新闻节目，在遇到元旦、春节这样的重要节日的时候，主持人播音员在服装、领带的样式、色彩上也会体现出喜庆的特点，这与观众的心理也相一致。

恰当、合度，也就是得体。恰当得体才能求得和谐之美。这里谈一谈情感处理的恰当得体问题。前文姚喜双教授曾经回忆，1986 年他在中央人民广播电台参加播音实践的事情。夏青对他的回复，我们从姚喜双的这段回忆中可以看到，掌握分寸，做到恰当得体是多么重要，需要播音员主持人具有多么深厚而又全面的修养。分寸如何拿捏，标准是什么，为什么，这些问题都需要弄清楚了，然后通过对感情、声音的相应处理才能达到应有的播音效果。

张颂在谈语言传播的美感营造时，提出了四个层面的要求。其中，第三个层面就是“分寸美”。主要内容是：“基调恰切，政策分寸、艺术分寸到位，重度、中度、轻度调配，词语疏密度、起伏度的安排，对于文化内涵的揭示程度、思辨向度的深浅显现等要求。”[①] 他强调，传播者对受众肩负着提升其欣赏水平、审美能力的义务；语言传播，归根结底是一种人文精神的终极关

① 张颂：《播音主持艺术论》，中国文联出版公司，第 23—24 页。

怀，必须严格地遵循创造美的规律，不断从自在走向自觉。

第四节 声情并茂

广播电视语言传播，最具特征的是有声语言传播。语言中，饱含着生命的体验、人生的况味、丰富的情感、个性的闪光、审美的理想。

广播电视语言传播，第一，要解决“说什么”的问题，以准确、清晰、顺畅的表达，与受众实现信息共享。第二，要解决“为什么说”的深层含义，超越对具体语言内容的简单诠释，实现传播者的理念与受者理念的融通。第三，要解决“怎么说”的问题，这是对有声语言传播者、有声语言发出者的一种高标准的要求。它要求有声语言在传播中及于受众，使传播内容“入于耳，及于脑，达于心”。要达此目的，传播语言的声情并茂即是其重要原则之一。

所谓声情并茂，指语言的音乐性有很深的造诣，所表达的感情又很充沛动人。

现代汉语最突出的审美特征是它的音乐性。世界语言分为语调语言和声调语言，我们中国的汉语属声调语言，英语等大多数世界民族语言属于语调语言，外国人觉得中国人说话好听，就像唱歌一样；而我们觉得外国人说话怎么是一个调子，即使外国人说的是汉语普通话，可是字音好发，声调难改，一听就知道说话的是外国人。汉语声调长短不一，高低不同，形成抑扬起伏、节奏变化的音乐美。此外，声调还有区别意义的作用。汉语韵母元音占优势，声音圆润响亮。汉语的音节之间区分鲜明，每个汉字的发音形成中间大、两头小的枣核声波，在语流中呈现出“大珠小珠落玉盘”的鲜明节奏，使汉语普通话感觉节奏突出，颗粒分明。加之汉语词语的双音变化，词的轻重格式的区分以及轻声、儿化韵的使用，使语言的表达作用更加准确、丰富，具有变化万千的气象。

汉语语音的音乐性优势为我们展示汉语和播音主持的艺术魅力提供了前提，但是，要最大程度地去实现它，还需要系统地学习和训练。提到《动物世界》《人与自然》，人们马上就会想到赵忠祥，耳边就会响起他那优美、动听、有气势且韵味十足的配音。他的语言规范、生动、富于变化，能引人身临其境于那神奇的自然妙境之中而流连忘返。然而，须知他那高超的声音驾驭能力，与他多年如一日地坚持练声、转益多师不懈地学习探索的精神有关。中国民间有句话叫“说的比唱的还好听”，原意是挖苦说话人的，其实这个现象确实存在。听那些大家的播音、朗诵，那是何等的享受、何等的令人陶醉，常令人生出“人间难得几回闻”的感慨。

播音员主持人的语言要运用美的声音创造性地表达，这就是“声茂”。

然而，音声传播的主要目的是传情达意，声音不是一个孤立的存在。

汉代的《毛诗·序》云：“在心为志，发言为诗，情动于中而形于言；言之不足故嗟叹之，嗟叹之不足故咏歌之，咏歌之不足，不知手之舞之足之蹈之也。情发于声，声成文谓之言。”[①] 其意思，就是强调声音、语言源自人的内心情感世界的表达诉求，是自然而然的，二者是因果关系，与“诗缘情”“言为心声”等是一个意思。

唐代著名大诗人白居易在《与元九书》中写道：“感人心者，莫先乎情，莫始乎言，莫切乎声，莫深乎义。诗者：根情、苗言、华声、实义。”[②] 白居易用比喻的方式强调了情的“根”的地位：言是情生出的“苗”，声是情开出的“花”，义是情结出的“果实”。可见，情感为语言提供了内在的生命张力。刘勰认为，人类生活在大千世界之中，“登山则情满于山，观海则意溢于海”（《文心雕龙·情思》）；对于文学艺术创作而言，“故情者，文之经；辞者，理之纬，经正而后纬成，理定而后辞畅”（《文心雕龙·情采》），突出了情感的重要性。

播音员主持人在音声化的创作过程中，根据文稿的内容变化或主持进程的具体阶段与情境予以恰当而充盈的情感表达，即所谓“情茂”。播音主持中的任何故弄玄虚、矫揉造作、故作多情，以及煽情、滥情等都是应该反对的。

声情并茂，要求声与情的和谐统一。声因情发，情以声传。情的类型、强弱、浓淡不是传播者可以随心所欲的，一切皆源自内容，是内容决定形

① 郭绍虞：《中国古代文论选》，上海古籍出版社，1979，第30页。
② 同上书，第139页。

式。声与情互为表里，相互联系，相互作用，只有“相得”才能“益彰”。孔子在《论语》中说：“言之无文，行而不远”“辞达而已矣”“质胜文则野，文胜质则史。文质彬彬，然后君子”。其中的“文质彬彬”，就是指文与质要配合适当，要和谐。例如，有人这样评价方明的播音：“既激情、豪爽，又抒情、柔美，善于随内容需要在节奏语气上起伏变化，而最宝贵之处则在于寓情于声之中，因而他的播音含蓄深沉，耐人寻味”，“他的播音豪放、苍劲，同时也有涓涓细流，沁人心脾，令人陶醉，很能出味”“从他那浑厚的声音里不仅能体现出细致入微的情感，还能表达出热情澎湃的气势”。[①] 从这些评语中，不难发现，方明播音时情感的选择与控制是从文本内容出发的，是富于变化的，是“寓情于声”的，是做到了“声情并茂”的。他的播音，既是从文本中来的，也是他内心情感的真诚反映，如同美妙的音乐一般，直往听众耳朵里流，他们可以在轻松愉悦的状态中领会到所传达的内容；而那富于变化的语气和节奏，又会不断地激起听众心里的波澜，引发他们浓郁的兴趣。其中，听众的感知、理解与情感等审美心理活动都毫无阻滞，只觉得那语流及所负载的内容都是美的，情不自禁地进入了作品所营造的大千世界，陶醉在美的享受中。

刚才我们谈到方明播音的抒情性特点：一是声音美，二是有高超的控音技巧，三是从内容出发。还有一点很重要，就是真诚、真挚。真，是由衷而发的，真实的；诚，信也，内外一致。古代诗论家以情真为得体，认为情真则意远，真则亲切有味。陆时雍在《诗镜总论》中说：“古人善言情，转意向与虚园之中，故觉其味之长而言之美也。”故曰，真是情的生命。唯有情真，声情并茂才有价值，才具有恒久的魅力，听众、观众才能与之产生共鸣，思想的共鸣，情感的共鸣。唯其如此，传播效果才能实现最大化。明代思想家李贽认为：“天下之至文，未有不出于童心者也。”“童心”即真实之心，失去真情，无论怎样雕琢粉饰，总是苍白无力的，期待共鸣只是一种奢望。

---

① 姚喜双：《播音风格探》，中国文联出版公司，第 178 页。

第五节　形神兼备

形与神是中国美学有关艺术形象构成的两大主体，《庄子》《荀子》《韩非子》《淮南子》等书均多次提出了形神问题。起初，指的是人的形貌与精神的关系，之后又增加了肉体与灵魂的关系的意义。魏晋以降，玄学盛行以及佛学的传入，形神被移用为人物品藻的规范要求，用以赞赏人物高雅的风度气质、精神品格，强调人作为感性存在的独特风神及其所蕴含的美。至此，具有美学意义的形神概念逐步被引入艺术领域，成为指导和品鉴诸如诗词、绘画、雕塑、书法等艺术创作、艺术作品的重要标尺。这样一来，形神关系，形似与神似的关系等问题就成为讨论的重要议题。

形，是可见可感的，具体的。《礼记·乐记》中所谓"凡音者，生人心者也。情动于中，故形于声，声成文，谓之音"，就是说明了情是人的内在的心理活动，声音是情的外在表现，是可以被直接感知到的。声音，诉诸听觉。南朝梁时代的钟嵘在《诗品·序》中说"气之动物，物之感人，故摇荡性情，形诸舞咏"，这里的舞咏是性情摇荡的形体表现，性情摇荡则是形诸舞咏的内在原因，舞咏以舞姿和歌声诉诸人的视觉和听觉两大主要感觉器官。舞咏呈现的"形"，就是指艺术形象了。

神，是内在的，处于枢机位置，是不能被直接感知的。"读书破万卷，下笔如有神"，这里"神"是指神灵，意谓似乎得到神灵相助，有一种神秘感。"形在江海之上，心存魏阙之下"，此处之"心"即神，指人的心理活动、思维活动。刘勰称之为"神思"，他接下去说："文之思也，其神远矣。故寂然凝虑，思接千载；悄焉动容，视通万里；吟咏之间，吐纳珠玉之声；眉睫之前，卷舒风云之色。"意为文学家的形象思维具有极强、极丰富的艺术想象力，可以穿越时空，包罗万有。陆机在《文赋》中说的"精骛八极，心游万仞"，和刘勰的"神思"是同一个意思。它是指艺术家的精神、心灵及其创作过程中的思维活动。清代宋曹在《书法约言》中写道："用力到沉着痛快处，方能取古人之神。若一味仿摹古法，又觉刻画太甚，必须去摹蹊径，自出机杼，渐老渐熟，乃造平淡，遂使古法优游笔端，然后传神。传神者，必以形，形与心手相凑而忘神之所托也。”此处，神指神髓、神韵、神气，强调发挥艺术的创造活力，“自出机杼”，这样，才能做到以形传神，传神写照，得其环中，抵达艺术之胜境。

形与神哪一个更重要？二者是怎样的关系呢？陆机在《文赋》中说：“笼天地于形内，挫万物于笔端。”强调形（形象）是作家创作的主要任务之一，因此，其重要性是不言而喻的。他又说：“体有万殊，物无一量，纷纭挥霍，形难为状。”强调描述事物的形象也是很困难的。刘勰在《文心雕龙·物色》中亦强调形的重要性：“自近代以来，文贵形似，窥情风景之上，钻貌草木之中。吟咏所发，志惟深远！体物为妙，功在密附。故巧言切状，如印之印泥，不加雕削，而曲写毫芥。”与形相比，有人认为神更为重要。如葛洪《抱朴子内篇·至理》：“形须神而立焉。”大画家顾恺之曰：“四体妍蚩，本无关于妙处，传神写照正在阿睹中。”（《世说新语·巧艺》）强调神的重要作用。“阿睹”是吴方言，即眼睛，说明欲传神最重要的是要画好眼睛，其中已经包含了以形传神的意思，神似还须借助于形似。

形与神其实是不可分的。著名书法家启功认为：何为形？何为神？点画结构好，字自然就好，未有“形”好而无“神”的，也没有只有“神”而无“形”的。他批评“得其形，未得其神”的说法是“故弄玄虚之语”。[①]形虽然是外在形态，但无形则神无所寓，神需化而为形，才能构成艺术形象，二者实在不可以偏废。这就是我们必须坚持以形传神、形神兼备的理论根据。

对于播音员主持人的创作活动来说，形，大体可以分为两个方面：一个是声音之形，另一个是形体、形貌之形。

作为声音之形，要悦耳动听。张颂就语言的美感营造问题，提出了四个方面的要求：

1. 音声美：主要是声音圆润、清朗，吐字归音准确、清晰。

2. 音蕴美：主要是词语晓畅，蕴含明确，主次鲜明，逻辑清楚，无粉饰，不生涩。

---

① 张志和：《启功谈艺录》，中国社会科学出版社，2007，第57页。

3. 分寸美：主要是基调恰切，政策分寸、艺术分寸到位，重度、中度、轻度调配，词语疏密度、起伏度的安排，对文化内涵的揭示程度、思辨向度的深浅显现等要求。

4. 韵律美：主要是有声语言的外在美，音韵铿锵、掷地有声，刚柔并济、酣畅淋漓，平仄间隔、抑扬交错，缓疾有节、强弱互补，明暗相映、浓淡相比。显示出悠长的韵味与悦耳的愉悦。①

要使语言美感达到上述要求，要让声音能够造型生动、流光溢彩，必须培养和提高对文字语言的感悟力，使自己对文字的含义理解感受更敏感，更精确、细致，更深入。必须具有随着文本内容的变化而及时变化的调解力。具体调解的方式，当然最后还要落实到声音形式上。必须提高声音的适应能力，加强声音训练，如对呼吸、口腔、喉部和共鸣的基本控制，从而拓展发声能力，获得声音弹性，为表达提供最充分的准备。声音的控制和运用要适应不同的稿件、不同的环境、不同的时空需求。声音的变化包括音高、音强、音色、音长的变化，轻重缓疾、抑扬顿挫的变化；语气的变化是表达的核心手段，主要依赖于气息状态的变化，辅以口腔等共鸣器官的变化。必须提高整体驾驭能力：在理解感受的同时形之于声，既需要描摹出具体的情景、表述具体观点，又要胸有成竹，把总的轮廓、脉络、目的了然于心。此外，还要辅以副语言的运用。

形体、形貌之形，涉及播音员主持人的相貌、表情、眼神、肢体动作、服饰打扮、发型、身姿、体态等方面。选拔播音员主持人不是选美，不是选靓妹、帅哥，但基本要求应是端庄大方，让观众视觉感受舒服。服饰、发型等要考虑大众接受心理、民族特点、职业身份等，力求优美、高雅。最关乎有声语言传播效果的是眼神、表情、肢体动作、身姿。播音员主持人进行创作时应进入一种积极状态，有精、气、神，有饱满的情绪。副语言要能够依据表达内容的需要，恰到好处地配合有声语言的表达，以期锦上添花，使有声语言和副语言有机融合，发挥其造型、造境功能，生动传神，富有感染力。

① 张颂：《播音主持艺术论》，中国传媒大学出版社，第23—24页。

以上我们曾经强调过，神是不能脱离形而孤立存在的，形销则神灭。神与形虽然互相联系，不可分割，但毕竟二者是有区别的。对于播音主持来说，文本是依据，是写作者的创作，即第一创作，其内涵、主旨、思想情感等即为其神。播音员主持人不是把书面语言简单地变为有声语言，一方面需要准确地把握它的本质内涵、思想情感予以音声化；另一方面有着自己的理解，要运用自己的声音、技巧等予以二度创作，体现出自己的神采与精神。作品文本之神是作品内在的神气与精神，是客体之神，播音员主持人通过再创作体现的神采与精神是主体之神，二者需要互相契合、高度统一，即在表现客体之神的过程中体现主体之神。当创作主体在客体的激发下产生的喷涌难遏、自然流泻的激情与丰富的想象力相交汇化作创作灵感的时候，生气勃勃的精神、意志就会在作品中氤氲，召唤出隐藏在作品言辞之中的深层意义，这就是形神兼备的胜境的到来。

高国庆在论述播音主持处理形神关系时，这样写道：“传达稿件的精神气质不能停留在静态直观上，而必须运用想象、联想等创作手法去‘摄魂夺魄’，气韵生动地表现出作品的风格和个人的创作风格”“要通过记忆表象的搭配、情景再现等手法去把握创作主体的精神实质或典型特征，满怀激情地予以创造想象，完成播音主持的二度创作。播音主持创作不仅要表达出文字作品所提供的内容，更重要的是要通过‘二度创作’表达出文字所无法提供，属于播音主持创作中的艺术神韵”。[①] 有一件关于赵忠祥解说《动物世界》的逸闻，似乎可以作为高国庆上述论断的一个佐证：80 万字的《动物世界解说词集》的一位编辑对赵忠祥说了这样的话：“当我整理解说词时，我才发现，在听觉上所感受到的诗情画意有很多是你在解说过程中添加进去的，因为有些解说词稿件，本来并不优美。”这位编辑显然高度肯定了赵忠祥为《动物世界》的配音之美，所谓“添加”，其实就是赵忠祥的二度创作。还有一件轶闻是，抗战时期重庆进步文艺界人士聚会，赵丹因迟到，进入会场时，大家热烈鼓掌要求他出一个节目。赵丹不慌不忙从风衣口袋中掏出一张纸绘声绘色

① 高国庆：《播音主持美学论纲》，中国传媒大学出版社，2013，第 38 页。

地朗诵起来，时疾时缓，时轻时重，抑扬顿挫，激情四射，赢得全场一阵阵热烈的掌声，然而读的究竟是什么？待读毕，有人把那张纸拿来一看，竟是一家饭店的菜单。由此可见，受到限制的二度创作是完全拥有再创造的艺术空间的，这就是以声造型、以声传神的魅力。

总之，播音员主持人创作时必须言之有物，言之及义，言之含情，言之切理，力求准确地传达作品中的内涵、主旨、内在意蕴和气质。而上述所言作品之“神”又必须借助完美的声音形式予以艺术的传达，需要创作主体有很高的思想政治修养、文化修养、语言素质修养，把语言创作得美轮美奂，有一种如临其境、如见如闻的感受和引人入胜的韵律美感。叶圣陶在致王力的信中明确指出：“盖今人为文，大多数说出算数，完篇以后，惮于讽诵一二遍，声音之美，初不存想，故无声调节奏之可言。试播之于电台，或诵之于会场，其别扭立见。台从恳切言之，语人以此非细事，声入心通，操觚者必须讲求，则功德无量矣。”[①] 故陆机云：“石韫玉而生辉，水怀珠而川媚”，形神兼备不但是我们理应遵循的原则，也同时是我们追求的创作理想。

第六节　虚实结合

虚实相生、虚实结合是中国古代美学的重要思想之一，它的源头是老庄哲学。老子认为，宇宙万物的本源是道，“道生一,一生二,二生三,三生万物”“人法地，地法天，天法道，道法自然”。道是处于“惟恍惟惚”状态的原始混沌，是看不见、听不到、摸不着、不可名状的本体，是“无状之状”“无物之象”，它的根本特性是“无为而无不为”。老子认为“有之以为利，无之以为用”“大音希声，大象无形”，任何事物都不能只有实而没有虚，只有有而没有无；否则，一个事物就失去了它的作用和本质。譬如，房子之所以能住人，正是因为房子的门窗和中间是空的。这个有无相生、虚实结合的思想，后来成了中国古典美学的一条重要原则。

① 吴为章：《铿锵悦耳朗朗上口——谈广播稿中语言要素的运用》，《现代传播》1981 年第 1 期。

在老庄哲学思考里，虚在事实上与无相通，它是指超越人的言、意、感觉之外的宇宙本体，或称为“道”，它是听之不闻，视而不见，搏之不得，无形、无声、无嗅、无状的，永恒存在于一切之中。世界是“有”和“无”、“虚”和“实”的对立统一，有了这种统一,万物才得以流动、运化，以致生生不息。而“虚无”较之“实有”，是一种更为深刻的哲学范畴，没有虚无，就没有万物的实有，没有变化无穷的有形世界，没有世间一切活跃着的生命，这就是所谓的“无生有”“无有无互立”。

我国古代的艺术理论，继承并发展了老庄的虚实有无的哲学思想，概念使用也更为宽泛，“实”与“虚”的含义又常常涉及有形与无形、主观与客观、直接与间接、有限与无限、思想与形象等。

以书法而论，有人戏称书法是“纸上的舞蹈”，它是一门十分抽象的线条艺术。线条，点、捺、撇、画，具体可感，但又具有高度的概括性，十分抽象。用笔、结构、章法等，是为实；而通过实表现出来的神采、气韵、意境等内容则为虚。东晋大书法家王羲之在《记白云书诀》中说：“内贵盈，外贵虚”，所谓盈，即充盈、充实的意思，是说字的结体为中心位置要写得丰满充实，字的周边应写得虚和萧散，即相互映发产生虚实结合之美。

中国的传统绘画也十分重视虚实关系的处理，现代中国画艺术家陈子庄认为，中国画说到底不外乎虚与实的关系。虚运用到画面，可以表现为线的舒朗与墨的清淡，而更多地则表现为笔墨的空灵。在有限的画面上布置空白，是中国画创作的关键的地方，同时也是难点所在。要求创作者不仅对客观实景物的本质有着透彻的观察与深刻的理解，而且能透过实体形象，摒弃杂念，静态沉思，彻悟出其中的无形内涵，顺其自然地把精神之气送到画面的各部分，布置留白就是水到渠成的事了。

高国庆指出：“中国画中的虚实，或指虚笔、略笔、疏笔、实笔、详笔、密笔，或指画面结构上的经营位置而言。一幅画不能通幅皆实，也不能通幅皆虚。有实多虚少，也有实少虚多，实中有虚，虚中有实，而为虚实相生。常常体现在巧妙地利用空间结构方面，布虚即布实，故‘实处之妙，皆因虚处而生’。空间摆布基本要求是‘虚处不嫌空松，实处毋感板结’。虚实是自然物象的变化规律在画面上的反映，画家则利用虚实作为一种艺术手段来取得审美效果。”[①] 也就是说，作画时构图不可迫塞，要上下空阔，四面疏通，潇洒通透，有玲珑天然之妙，如果充天塞地，满幅画了，便了无生趣。中国画的创作注重留白，不着笔墨之画面空白是整体意境的有机构成部分，创作者以“虚空画面”创造出“空纳万境”的审美情趣，使“无画处皆成妙境”。老舍与画家们茶叙，曾以“蛙声十里出山泉”为题请画家们作画，大师齐白石通过山涧溪流边游动的几尾蝌蚪的刻画描绘，呈现出十里山泉的欢跃氛围，以其别出心裁的构思赢得一片称赞之声。大师的卓越之处，在于不画青蛙，只以几尾活泼的蝌蚪暗示引发观画者的积极想象，使之步入自由畅快、无拘无束、生机盎然的精神世界，徜徉于作者设置的美妙意境之中。又如古人画龙，总是“神龙见首不见尾”。画山，山欲高，“烟霞锁其腰”，这些都体现了古代艺术大师们对虚实隐显辩证关系的理解与把握。

艺术之所以能够化平淡为神奇，大概正是由于能将其间接性寓于直接性之中。成功的艺术形象总是直接性（实的、显的方面）与间接性（虚的、隐的方面）矛盾双方的一种特殊的和谐统一；其直接性总是超出自己，引导和指向一定的间接性；其间接性总是限制自己，附着和从属于一定的直接性。两者相互依存，相互制约，使人们抒情的想象趋向于一定的理解，获得自由而又必然的联系与和谐，从而产生审美愉悦。生活中的实是一种一般的直接性，一般只诉诸冷静的实用或认识；而艺术的实，是一种特殊的直接性，它能诉诸情感的观照与想象，经过想象，对象的结构把人引向更为广阔自由的领悟和欣赏。形象的直接性在这里主要只是作为一种特殊的感性材料、手段，超出自身本来的意义，与广阔深远的情感、思想、内容联系起来。例如，毛主席诗词中的“当年鏖战急，弹洞前村壁。装点此关山，今朝更好看”“雄关漫道真如铁，而今迈步从头越。从头越，苍山如海，残阳如血”，诗句中的小不足道的断壁残垣，高不可攀的山关险道，就其现实的直接形象（一般的实）来说，意义并没有多大，但是，在睥睨万物、气吞山河的诗人那

---

① 高国庆：《播音主持美学论纲》，中国传媒大学出版社，2013，第 108 页。

里，却能随意驱使，取舍自如，化常见为非凡，寓直接于间接，或以色调的疏朗优美，或以意境的悲壮瑰伟，使形象远远超出其本来的直接性自身（一般的实），而成为一代宏伟的革命史诗。这种艺术形象由直接性引导生发的想象是属于审美性质的，它给人的是欣赏而不是推理，是领悟而不是说教，它是把非确定的概念溶解在想象里，以得到一种不脱离具体形象的感受和体会，从中产生出可以捉摸和玩味的艺术效果。古人说“诗贵含蓄”，艺术形象的表现常常是若隐若现，欲露不露，反复缠绵，“终不许一语道破”，如“一语道破”，那就索然无味，令人败兴了。所以才有“有一千个读者就有一千个哈姆雷特”的说法，才有“形象大于思想”“可意会不可言传”等的说法。如果深究起来，那是因为艺术的直接性（实）所指向的不是僵硬宽泛的既定概念，而是生动活跃的自由联想，是形象思维，在这里，各种具体的联觉、感知、印象、情绪都被唤起和激活起来了，使人百感交集，浮想联翩。实中含虚，虚不离实，虚实相生，亦实亦虚，虚实之间关系的丰富性、灵活性的特点，使人们各自根据其不同的生活经验、文化修养、审美情趣等来见仁见智地补足、充实形象，进行欣赏中的再创造，把客观的直接形象与主观的情感体验在想象中合而为一，在对象中感到自己，在景物中看到生活，于是觉得物我同一，亲切非常，这也就是艺术创造虚实结合产生的魅力所在了。

同时，我们还应该注意到虚与实、间接性与直接性之间的联系与关系必须有度，太疏远不行，太密切也不行；太浅露了不行，太深藏了也不行。如何把握与处理，种种妙处全在艺术家去朝夕揣摩，匠心独运，灵活运用。至于虚与实的比例，或偏于虚以含蓄胜，或偏于实以明锐胜，均可形成不同的风格，带给人不同的审美感受。

下举两例以证：

（一）

赠汪伦

李白

李白乘舟将欲行，忽闻岸上踏歌声。

桃花潭水深千尺，不及汪伦送我情。

这首诗是李白游览安徽泾县桃花潭后临别赠友之作。当诗人登舟欲行之际，“忽闻岸上踏歌声”，妙就妙在未见其人而先闻其声，以歌声代人，以虚寓实，而虚实相生。诗人轻舟待发，而送行者踏歌相送而来，“忽闻”表明实出诗人意外，就诗而言，也是绝巧的意外之笔，使诗承首句铺叙之后陡起一笔，使人物情状呼之欲出，丰富了诗境的视听感，并显现出情感心曲的回流，没有以虚寓实是难臻此妙境的。“桃花潭水深千尺”，情深深过潭水，究竟深至何许，留下大片空白，一任读者想象驰骋。后两句触物感兴、即兴象征，以丰富的意蕴境界使全诗别开生面，空灵有趣余味曲包，令人拍案叫绝。正所谓“含不尽之意于言外”是也。

（二）

春望

杜甫

国破山河在，城春草木深。

感时花溅泪，恨别鸟惊心。

烽火连三月，家书抵万金。

白头搔更短，浑欲不胜簪。

全诗四十言，创造了一个独特的境界，自成意境。诗中写景、抒情完美结合在一起，情景交融。但是，诗里出现的不只是情和景，而且还有事和人，人、事、景、情各种元素综合构成一个独立的艺术天地。这诸因素融合而成的“境”和诗人所要表达的“意”，完美地融合构成浑然一体，蕴含着诗人国破家亡之痛和忧国思家之意。有限之境包无限之意，沉郁顿挫，令人扼腕叹息。古人主张：为诗贵于意在言外，使人思而得之。《春望》是也。“山河在”，明无余物矣；“草木深”，明无人矣；花鸟等平日娱人耳目之物，见之而泣，闻之而悲，其时事艰危可知矣。诗人含不尽之意于言外，把意深藏境中，使读者深思而后才能得之，足见诗人的艺术功力。

下面谈一谈虚实结合、虚实相生在播音主持艺术实践中的运用。

朗读、朗诵是播音主持艺术工作者的基本功，停连则是其重要的、基本的技巧之一。停，停顿，是无，是虚；连，连接，是有，是实。不停，既不合生理特点，也不合心理需求。不连，则断，支离破碎，没有语意的完整，也失去了听觉上的完整。然而，断，不是意义上的断，是断中有连；连，也不仅仅是时空意义上的连，连中有断。两者如车之两轮，鸟之两翼，又如人的呼与吸，互相区别，又互相联系，互相包含，互相转化。所以，张颂说："朗读者把自己对作品的理解与感受、态度感情，按照作品的文字序列传达给听者，朗读者的思想感情一直处于积极的运动状态。根据内容和体裁的需要，他要把作品的层次、段落、小层次、语句、词组和词纳入语言链条，层层衔接，步步展开。在区分、转折、呼应、递进等地方，造成了适当的声音空隙，承上启下，思前想后，就需要运用停顿；在组织严密、感情奔流、语言推进、意思连贯等地方，造成声音的流动，千回百转，一气呵成，就需要运用连接。而停中有连，连中有停，更显得控纵得心应口的心理变化之妙。"①

停连有很多种类，如区分性停连、呼应性停连、并列性停连、分含性停连、强调性停连、判断性停连、转换性停连、生理性停连、回味性停连、灵活性停连等。每一种停连，都有其特定的目的、功能，都是从内容表达的需要，从朗读者和听者生理、心理的需要出发的。运用得好，可以使表达的语义明晰，语法逻辑、情感逻辑、思维逻辑准确合理；可以使语流顺畅并富有音乐性、节奏感；可以在停连交替、起伏回环、抑扬顿挫中让听者趣味盎然、回味无穷，享受美的声音与美的情感的盛宴。

下面仅举回味性停连的一例：

然后他待在那儿，头靠着墙壁，话也不说，只向我们做了一个手势："散学了，——你们走吧。"

① 张颂：《朗读学》，北京广播学院出版社，1999，第162页。

这是都德的《最后一课》中的句子。其中，在“散学了”之后，要有一个较长的回味性停顿，而不能与“你们走吧”连接。在较长的回味性停顿之后，使听者在回味中，“祖国沦陷了，最后的一课结束了！什么时候再用自己民族的语言上课呢?”一起涌上心头，感慨无限。然后，又回到现实中，回到课堂上，读出“你们走吧”。这种较长的回味性停顿带给听者的回味与思索是丰富而复杂的，对心灵的冲击力与震撼力是巨大的。停顿的“虚”包含了无限的“实”，是“此时无声胜有声”。

现在谈一谈实声与虚声的运用问题。

播音主持创作中所要表达的思想感情是千变万化的。作为可以被感知的材料——声音，理应有与之相适应的色彩的变化。从生理机制的角度来看，什么是实声呢？实声就是声带较为紧密靠拢的时候所发出的声音；什么是虚声呢？虚声是指声带较为松弛，声门适度开启的发出的声音。丰富的虚实变化与多层次的音高、音量、音长的变化配合，便形成了多姿多彩的声音样式。

播音主持发声是一种有目的的发声，它的特点是以实为主，虚实结合，声音讲究清晰、朴实、圆润；声音变化幅度不大，但层次丰富、色彩多样，表情达意准确生动，发声状态自如平实。以实为主，虚实结合的音色，可以使听众感到结实又不过分明亮，柔和而又不显虚空。这种音色是在声带张弛有度的情况下发出的。

朱自清曾经说过：“过去一般读者大概都会吟诵，他们吟诵诗文，从那吟诵的声调或吟诵的音乐得到趣味或快感，意义的关系很少。……民间流行的小调以音乐为主，而不注重词句，欣赏也偏重在音乐上，跟吟诵诗文也正相同。感觉的享受似乎是直接的、本能的，即使是字面儿的影响所引起的感觉，也还多少有这种情形，至少小调和吟诵，更显然直接诉诸听觉，难怪容易唤起普遍的趣味和快感。至于意义的欣赏，得靠综合诸感觉的想象力，这个得有长期的修养才行。”① 这就告诉我们，汉语的语言具有独立的审美意义。因此，作为以有声语言为唯一创作手段的播音艺术，对语言的形式美是不能

① 朱自清：《论百读不厌》，载《论雅俗共赏》，中华书局有限公司，2015，第25页。

忽视的，而实声与虚声的结合运用正是重要手段之一。例如方明的播音，在用声方面，变化丰富，自然流转，有一种突出的声腔之美。他的声音经常是在高低音区内作大幅度的滑动并且有多层次的对比，滑动的幅度之大，对比层次之丰富细腻，非一般人能够企及。他的声音富有弹性，充满了实与虚、强与弱的交错变化，交互着刚与柔、放与收的相辅相成。所以欣赏方明的播音作品，时而像溪流淙淙，时而又如山呼海啸，既有春光般的明媚，梦幻般的缥缈，又有气吞山河的气势，波翻浪涌的壮阔。

声音虚实的结合，一方面可以使有声语言听起来具有起伏变化、张弛回转之美；另一方面，又可以使有声语言的创作留有余地、灵动鲜活。一方面，可以凭借语言的声音手段，表现出空间、时间中极为繁多的美来；另一方面又能使播音员主持人有较为充分的余地在极宽的频率范围内变化自己的声音，利用巧妙细小的调整以改变自己的声音色彩，从而增强声音的可塑性，拓展更大范围的艺术创造，从而更充分地发挥声音的表现力。

我们最后还必须强调，虚实结合的原则是必须从内容出发的，是有目的性的，决不能踏入唯技巧的误区。

最后，谈一谈虚实结合在播音主持创作活动中的另一种形式的运用——召唤结构。

播音主持的创作过程和创作产品不是孤立进行的，它无法离开听众和观众而自说自话，双向交流应该伴随着全部过程。创作只有让听众、观众完美地接受，创作才能算是完成，目的才算实现。播音员主持人虽然是信息的主动发出者，但听众和观众并非完全被动地接受，他们有着独立的、能动的思考与判断。如果，他们处于完全被动的接受状态，那积极性也就无从谈起了。倘若是这样，播音主持无疑遭到了失败。因此，播音员主持人要在创作中充分调动听众和观众的积极性，使他们在欣赏过程中同步进入创造的领域，这才构成一个完整的审美创造系统。运用虚实结合的召唤结构，就是达到这一目的的重要手段。

所谓召唤结构，亦称空筐结构，即在创作过程中不应呈现为完成状态，而应因时因地地保留让接受者进入的空间，埋伏一系列故意留下的空缺。也许，老子所说的“大成若缺”，可以借来作为这种结构的理论支柱。它不是不要完满，而是它深知离开了接受者的活体加入就不可能实现真正的完满，因此它故留空缺，以求大成。现代艺术的召唤结构，实质上也就是一种期待结构，期待真正的主人——欣赏者的光临，并且在期待中显出自身的合理性。

在广播电视的有声语言的传播中，语言本身就具有空间性的意义。柴璠认为，有声语言表达在时间性中消失，同时也在时间性中产生意义。声音消失了并不表示不存在了，而是声音映象转移到了受众的视听想象世界当中，并且具有非常个别的、独特的、主观的声音印象。声音印象相对来说是模糊的、零散的、飘忽的，却是铺张在整个的想象世界中。在声音印象中，有某些东西因为特殊的召唤关系而凝聚在一起，形成了有声语言的一种丰富的“无”，即虚幻。而且“无”还是动态的，它就是变幻的声音意象。人们看不到它的形象，但是它却占据着比客观世界更广阔的空间，受众可以通过联觉将声音意象转换成有味道、有颜色、能运动、有空间感的“在瞬间呈现的理智与感情的复杂经验”和“各种根本不同的观念的联合”。

她接着指出，虽然声音意象不一定表现为图像式的重现，但通常是通过语言的“构图”能力“描述”形成的。在有声语言表达中，意象可以作为一种“描述”存在，这种存在最好的表现手段是把有声语言中体现语旨的关键的、标志性的语汇用空间感强的表达方法体现出来，不仅在声音形式对听觉感知的作用上，而且在思想感情对审美态度的影响上都明确地将声音意象世界的三维空间感凸显出来。当意象的“描述性”不仅体现空间感而且能够独立地指涉意义时，声音意象就具有另一艺术表达的形式——隐喻。有些意象根本不需要“描述”，单独支撑指涉意义的功能，就是象征。这两种艺术表达思维和方法，使声音意象富有无穷的魅力，成为“想象家”永恒的追求和乐园。[①] 由上文可见，播音员主持人在创作活动中可以尽量发挥有声语言的功能特性，通过“描述”，运用隐喻、象征的手段去营造召唤结构，从而引导接受者积极介入，抵达以实引虚、以虚带实、虚实相生的审美境界。

---

① 柴璠:《广播电视语言传播文化品位及审美趋势研究》，中国广播电视出版社，2007，第30—31页。

对主持艺术而言，主持人一定要准确地把握自己的角色定位，不要陷入自我表现的误区。在访谈类节目中，一要善于倾听，二要巧于提问，从而有效地发挥主持人的引导作用和掌控能力，使对象敞开心扉，倾心交谈，这也是召唤结构在主持中的运用。

崔永元特别强调主持人倾听能力的重要性："谈话节目主持人是干什么的？是专门听人说话的。如果你不会听，一辈子都干不好。要把人家说的内容听懂了，然后才能说自己的话呢。"他总结自己会说话的成功经验是："我自己在现场主持时，花在'怎么说'上的精力只有10%，而90%的精力是花在了'听'上，'听懂'是对别人的尊重。'弦外之音'我要听懂，嘉宾的表达我要听进去。干脆没听懂或理会错了，就无法做谈话节目主持人。所以，'听'占9，'说'占1。"[①]

前文我们曾提到杨澜对易中天的采访，在访谈中，杨澜更多的是抛出一个问题，面带微笑地聆听着对方的回答，让对方在轻松氛围中畅所欲言而绝无打扰。而且她的提问方式也很巧妙，常常采用直接提问的方式，传达出的是友善、尊重和思想、情感的沟通与交流，这与那些单刀直入、咄咄逼人或故意刁难或简单机械的提问大为不同。仔细思考，杨澜访谈节目的成功可见一斑，召唤结构恰到好处的运用正是一个方面。有的主持人，总想借机显示自己，从而喧宾夺主，难免让人生厌，访谈也很难顺利和推向深入。

第七节　同中求异

无论是播音还是主持，一个人的主导风格总是相对稳定的，这是在长期的艺术实践中主客观等方面的因素交互作用而形成的。例如夏青，无论他播报新闻还是演播文学作品，听众一听就立刻辨认出"这是夏青"，这就是主导风格中的某些因素在起作用。再如赵忠祥，有着二十多年在央视《新闻联播》

---

① 王宇红：《幽默与节目主持人的艺术》，中国经济出版社，2003年，第275页。

中播报新闻的历史，后来为《动物世界》《人与自然》主持、配音，又与杨澜共同主持《正大综艺》，但观众不需要看画面，一听就能辨别出“这是赵忠祥”。

但是我们知道，节目的特点、性质、任务不同，播音和主持是不能用一成不变的腔调说话的。赵忠祥在开始主持《动物世界》的时候，仍然采用播新闻的套路，他敏锐地觉察到这样不行，于是改走拟人化的路径，而且发声方式也做了明显调整，于是一炮走红。

一般说来，新闻播报因为新闻的信息密集、真实，词语概括，时效迅捷，叙述客观，权威性、可信度高，所以在语言上要达到“字正腔圆、呼吸无声、感而不入、语尾不坠、语势稳健、讲究分寸、节奏明快、语流晓畅”的境地。但是播报的样态又有多种，因内容形式的差异而有不同。宣读声明、公告等，播讲通讯、故事等，播送评论、编后话等，有的庄重严肃，有的大气沉稳，有的轻快跳跃，有的平静委婉，有的幽默风趣，等等，各有不同。谈话，也是新闻传播中常见的一种样式，语言上，除了规范、明确外，还要讲究遣词造句、简明扼要。但是，谈话也有不同的样态，根据节目的定点、定向，具体透视与解析，就会分别呈现出轻松交谈、郑重评述、热情谈论、昂扬抒发、冷静剖析等不同的表达形式。

再看娱乐节目的主持。“从节目类型看，由于娱乐节目是以放松身心、休闲愉悦为主要目的的，节目的内容和形式都十分丰富，既有益智、游戏的，也有资讯、谈话的，还有晚会、赛季等节目。因此，从总体上看，娱乐节目的主持语境较之其他类型的节目（新闻节目、教育节目等）的主持语境更为复杂多样，由此，主持人使用的话语样态（主持语体）也较为多样，既可能是通俗灵动的谈话、讲解、朗诵，也可能是高雅庄重的朗诵、宣读、讲解，还可能是消闲自在的谈话、讲解、朗诵等，不一而足。并且，主持人还要善于在不同话语样态之间自如转换，以适应同一节目不同语境的需要”。[①]

在广播节目里，少儿节目尤其具有独特的个性。少年儿童的心理特征决定了他们对声音的反应是非常敏感的。不同的声音对他们来说有着不同的魅

---

① 马谛：《娱乐节目主持艺术》，中国传媒大学出版社，2016，第136页。

力，因此，主持广播少儿节目，需要主持人在生动活泼、亲切自然的基础上能够灵活多变，具有较强的表现力，这就对声音的张力与弹性以及形象性的表达提出了很高的要求。

所谓声音的张力与弹性，是指节目主持人在声音的可控维度上要有较大的空间，为适应不同的语言样式、胜任文本中不同的角色扮演而进行富于变化的声音塑造做好准备。所谓形象性，是指调动内心丰富准确的感受，通过富有张力和弹性的声音形式来展现具体生动的画面，塑造形象鲜明的人物，展开故事跌宕起伏的情节，从而走进孩子的内心世界，激发其无尽的想象。

在少儿节目里，故事类节目相对较多，少儿故事中的人物角色尤其多，连各种小动物、植物都会以拟人化的方式角色化的出现，通常都是由讲故事的一位或两位主持人进行绘声绘色的表演，这就对少儿节目主持人灵活多变的声音表现力提出了非常高的能力素质要求。这个时候，主持人需要根据故事中角色的不同和个人的音质特点来创造不同的音色特征，通过调值长短、声音高低、动程快慢等来塑造不同的声音形象。比如，播《狼和小羊》的故事时，用嘶哑、粗重的声音表现狼要吃小羊的贪婪与凶残；用颤抖、纤弱的声音表现小羊的声音表现小羊的恐惧与无奈。一般来说，故事中的动物，都可以根据某一个特点（或是习性上的，或是神态上的），用拟人化的语气和声音形象地表现出来。不仅如此，就是自然景物，如太阳、月亮、星星、小溪、花草、树木等，也能通过声音赋予它们以生命和鲜明的个性。

上面我们谈到节目不同，有声语言的传播体现出来的区别。现在强调“一专多能”，一个人能主持两个以上不同类型的节目已不算是新鲜事，所以必须掌握“不同”，适应“不同”，从而胜任愉快。

由于科技发展的自然规律，电台播音早于电视播音。电台与电视都是传播媒介，二者自然有同；但是前者有音无像，后者声像并举，自然有异。以电台新闻播音与电视新闻口播而论，都是向大众传播新闻，不仅任务一致，语言方面的要求，也有很多基本相同的方面。我们重点谈一谈“异”的方面。

虽然二者面前都无真正具体的交流对象，是想象交流，但电视新闻口播面对镜头，即通过屏幕与观众“面对面交流”，因而播音主体的心理感觉应为“谈话式”。“谈话式”心理必然形成很强的讲述感，讲述感强而辅之以相应的体态语共同发挥作用，观众才更乐于接受你播出的新闻内容。“电视新闻口播语言处理的分寸感，一般而言，咬字力度稍轻于广播新闻播音，却强于新闻片配音。语速稍快于广播新闻播音，却慢于新闻片配音。原因在于，相比电视新闻口播，广播新闻播音，仅有听觉一个传达途径，从生理、物理角度讲，播音员为了使受众接受信息更清楚，便不得不用加强咬字力度的方式来求理想的播音效果。而电视新闻口播，播音员说话的口形大多一目了然地映入观众的眼帘，从而进入其大脑，快速启动其认知语言系统，辅以言语、知识积淀。这样，电视观众对播音员口播内容的吸收和理解可易于并快于广播播音。这便有了电视新闻口播的咬字力度可以稍轻于广播新闻播音和语速可以稍快于广播新闻播音的科学依据”。[①] 如果影响电视新闻播音员的咬字动作太狠，口部动作过大，就会影响形象美。嘴的外部动作不能过大，这样既可以保证口形美观，又符合吐字发声的要求，并且具有一定的咬字力度。同时，也有利于加强语速和快速变换口形。当然，这其中也有一个分寸问题，不能连嘴也不敢动了。

我们老一代的播音员，有不少是从广播播音跨入电视播音的，他们由于素养好，基础厚，因势而化，迅速适应了电视新闻播音的要求，并且赢得广大电视观众的喜爱。作为年青一代的播音员，也应该培养这种“变”的能力。

古人云“文似看山不喜平”，播音主持也是同一个道理。平，就是平板、单一，缺少变化，也就是同而无异或同而少异。虽然每个播音员都有他固有的基本风格、基本特征，但文稿的体裁、内容是多样的，主旨、基调是不同的，作者的语言风格也具有多样性，即使同一篇作品它的表达方式也在不断变化，情感色彩同样也有变化，播讲者必须因变而变，并且在二度创作的过程中形成自己的个性。在这方面，著名播音员方明可以说做出了榜样。方明被人们誉为“播音的多面手”，他既能激情充沛地播送表彰先进人物的特写、通讯，又能绘声绘色地播送介绍古今中外文学、音乐的节目。[②] 方明的文学播音，豪迈、奔放、洒脱、优美。欣赏他播的文学作品，可以感受到激情

① 罗莉：《电视播音与主持艺术》，北京广播学院出版社，2001，第12页。
② 陈刚：《把青春献给广播事业的人——记播音员方明》，《广播节目报》1982年第72期。

四射、气势豪迈、境界壮阔和语流的豪迈。同时，也能够感受到他表达的细腻、逻辑的严谨、画面的逼真和韵律的和谐。方明之所以达到这样的高度，源于他业务学习勤奋刻苦，深入生活长期积累，博览群书广收博取以及始终坚持大运动量地进行各类稿件的播音训练。他还能够做到转益多师，虚心求教，博采众家之长，不仅学习继承了人民广播的传统播法，吸收齐越、夏青等名家的某些特点，而且从话剧、电影、曲艺等姊妹艺术中汲取营养。在此基础上，根据自身的条件，独辟蹊径，大胆创新。陈刚这样概括方明的播音："既激情、豪爽，又抒情、柔美""善于随内容需要在节奏语气上起伏变化，而最宝贵之处则在于寓情于声之中，因而他的播音含蓄深沉，耐人回味。"[①] 方明曾这样谈他的体会："苏轼的词不仅有'大江东去'的豪迈，还有《记梦》那样典型的婉约。我早就想，播音也应如此，既要有豪迈，也要有深沉、细腻""我很喜欢工笔画，小时候家中有四幅花鸟条屏，上面的叶脉、羽毛画得非常清楚，我十分惊叹它的细致。我还十分喜爱特种工艺，经常去看牙雕、玉雕、微雕，它们都非常精美。播音也应该达到那种地步。"[②]

上面我们讲到，同一篇文稿也要在处理上"同中求异"，体现出变化来。那么，仍以方明为例，他是如何处理的呢？姚喜双在他的著作《播音风格探》中对方明《蝼蚁壮歌》的播音作过如下一段精辟中肯的分析："他播的《蝼蚁壮歌》，总的基调是热情歌颂的，但各个层次之间以及层次中的句群中间，表达时都有丰富的变化和对比。这篇作品采用的是欲扬先抑的写作手法，因此，在播的时候他作了这样的处理：第一层的感情色彩是鄙夷的，节奏平缓，娓娓而谈。第二层，随着对蝼蚁认识的转变，感情色彩逐渐变为怜爱、敬慕和赞叹；节奏上由平急舒展渐趋紧张急促，而后又转为凝重沉缓。第三层对蝼蚁精神进一步赞扬，程度加深，分量加重；节奏的变化，先是平缓，继而沉稳刚健，最后趋于高亢。这是全文的重点层次，表达上也推到了高潮。每个层次内的句群之间也有明显的对比变化。例如第二层，其中可分为三个句群。句群（一）语气是爱怜的，程度较浅，节奏舒展平稳；句群（二）

① 陈刚：《把青春献给广播事业的人——记播音员方明》，《广播节目报》1982 年第 72 期。
② 摘自方明 1986 年至 1988 年关于播音创作的七次谈话。

语气是敬慕的，爱的程度较深，节奏由慢到快，然后又沉缓下来；句群（三）语气是敬慕中交织着自愧，程度呈中度偏深，节奏又由沉缓逐渐转为平稳舒展。上述分析虽很粗略，但丰富的对比变化已足能看出。这种对比变化，既可以使表达显得生动活泼，也可以带来全篇语言的通达晓畅。”[①]

播音如此，主持亦如此。一人主持可以同中求异，两人主持同样可以同中求异。赵忠祥与杨澜共同主持《正大综艺》就是一个典型例子。

赵忠祥是从别的主持人那儿接手和杨澜合作主持《正大综艺》的。杨澜秀外慧中，学历高，悟性高，赵忠祥睿智大气，积淀深厚，有思想，他们都热爱事业，对工作都有着一种高度负责的精神，这里面有许多“同”的地方。但二人性别不同，在年龄、资历、性格、经验甚至外形上都有不小的差距，这可以说是“异”。《正大综艺》原来的主持风格是快节奏，赵杨合作后变为快慢结合，这是同中有异。赵忠祥从齐白石、李可染的画作，赵丹、金山的电影表演，中国的传统书法以及金庸的武侠小说中受到启发，与杨澜共同确定了快慢结合、疏密相间、动静交织的主持路数。赵忠祥回忆说：“在场上，我们一老一小；一个沉稳，一个热情；一个充满了洞察世态的沧桑，一个因涉世未深而理想单纯。于是动与静，热与冷，快与稳，亢奋与凝重，好奇与练达，浪漫与现实，奔放与徐缓，探奇与思索，坦率与含蓄，形成了我们的分工合作的角色格局，既有各自的特色，又因相辅相成而统一”“出现了场上节奏的起承转合的韵律，使得主持有品位，有回味，有韵味，有趣味。杨澜的快，不因我的参与而放慢；我的慢，不因她的轻快而随之变换。反而，我们更突出了自己的特点，不为适应对方而苦恼，这可能是我们有一个有目的、有清醒意识的创新。有观赏意味的作品必然是静与动的结合。静得过分，那就会沉闷、压抑甚至产生一种莫名的消沉，如今的时代没有多少观众会喜欢这类节目。如果全场火爆，令人目不暇接，那种过分的躁动，会产生一种令一部分年轻人喜爱的类似摇滚乐效果，但中年人、老年人准会觉得闹心，产生烦躁的心情。而一动一静、一张一弛，则是我当时追求的节奏。动

① 姚喜双：《播音风格探》，中国文联出版公司，1992，第 192 页。

与静的规律就是节奏，快与慢的安排也是节奏。这种节奏不应当是整齐划一的切割，而是看似随意实则有控制的起伏”。[①] 这是一次有益的探索，这是一次成功的合作，也是“同中求异”的一个范例。古人说“相反相成”“相得益彰”，是充满着哲理的，世界上的一切事物无不是相对立而统一的。

最美好的境界一定是和谐的，“和”是中华民族内心深处沉淀的一种审美意蕴。《中庸》称“和也者，天下之达道”，而“致中和，天地位焉，万物育焉”。所谓和，即和谐之意，无所乖戾，达到中和的境界，天地各安其位，万物得以生长繁育。《尚书·尧典》说：“诗言志，歌永言，声依永，律和声，八音克谐，无相夺伦，神人以和。”“八音”虽繁，但配合有序，就可以抵达和谐的境界。后来孔子进一步阐发和与同之间是对立的，和与不同才是矛盾对立统一深层一致的，提出所谓“君子和而不同，小人同而不和”。和而不同是建立在对世界各种复杂事物的建构认识基础上的哲学理论，体现了中华文化中艺术哲学和生命哲学的紧相契合。而西方哲学家也有类似的看法，黑格尔说：“声音本身是一种有许多差异面的整体，可以分散和结合成为样式最多的紧密协调，本质性的对立与和解。”[②] 对于播音主持艺术来说，同就是继承和运用已有的艺术经验资料，异就是求变，求发展，求创新。无变化就会停滞、凝固，无同就是无本之木；无创新就失去了生机，无继承就没有根茎。同时，也包含运用辩证法则灵活处理播音主持艺术创作中的各种矛盾关系，寻求艺术的对立统一，以抵达和谐之美的境界。

转益多师，是继承，是借鉴，同时也是融合之后的进一步创新。只有创新，才会进步，才会产生新质，获得新的生命力。“在继承、借鉴和发展创新方面，罗京和齐越、夏青、方明一样，都很善于借鉴不同的艺术来丰富自己。比如说，齐越经常组织学生出去参加朗诵会，他也经常请一些著名话剧演员来给学生讲台词课；夏青会吟唱，他在讲台上经常吟唱古诗词，为大家示范；方明借鉴合唱老师教给他的咽音练习法改善自己的发声状况；罗京学唱京剧，巧妙地将京剧这种传统艺术形式中的端庄、严谨、规整、稳重提炼出来运用到自

① 赵忠祥：《岁月回眸》，中国工人出版社，2016，第263—264页。
② 黑格尔：《美学》第三卷上册，商务印书馆，1979，第346页。

己的播音上，使得这些特质与自己沉稳的作风恰切地融合到了一起，最终形成了持重稳健的风格。他们都吸取了我们民族传统艺术的特点，这就是借鉴。同时，他们也发展创新。夏青说自己是学采访的，如果有机会，他也要试一试主持节目，试一试用评论员的方式来主持一个节目。齐越当年也鼓励学生大胆创新，他鼓励敬一丹研究主持人，这在当年是开先河之举。罗京也是如此，他特别喜欢电台的播音，因此特别想体验一下电台的播音，他说自己也可以做一档节目，自己评述、主持。在这方面，他也在不断地探索和创新。因此，对他们的印象，绝不能仅仅停留在对传统的继承上，他们在继承的过程中又在不断地创新。这么多年来《新闻联播》本身也在不断地探索、不断地创新，如果把现在的《新闻联播》和40年前的《新闻联播》对比一下，我们就会发现它有很大的变化，单从语速上看，如今《新闻联播》主播的语速已经达到了280—300字/分钟，而20世纪五六十年代，国内新闻节目播音员的语速是160—180字/分钟，到80年代时变成了220—240字/分钟。现在的观众如果回过头去看50年前的新闻节目，可能会觉得跟放慢镜头一样。可见他们也是一直在努力跟随时代的步伐而不断地调整进步、不断地发展创新”。①

第八节 转益多师

“转益多师”，出自唐代诗圣杜甫的《戏为六绝句》中的第六首：“未及前贤更勿疑，递相祖述复先谁？别裁伪体亲风雅，转益多师是汝师。”这与鲁迅所说，蜜蜂若老叮在一处，所得就非常有限，大概有相近的意思。

在高等学校里面，有一个近亲繁殖的现象，就是把自己培养出来的弟子留校任教，而排斥别校别地的人才来本校本系补充人才队伍。它的缺点是封闭性所带来的学术思想的保守与故步自封。所以，“近亲繁殖”的现象往往屡遭非议。“近亲繁殖”导致学术思想的交流、发展受限，缺乏向前推进的活力。作为留校者而言，囿于导师的学术视野和治学理念，缺少学术思想的异质对抗，将会为学术发展带来局限，与“转益多师”的原则是相违背的。

王国维曾经以古人诗词概括治学的三个境界，第一境是“衣带渐宽终不

① 刘卓：《罗京现在开始播音》，中国传媒大学出版社，2019，第222—223页。

悔，为伊消得人憔悴”，这是基础，是必由之路；倘没有第二境“昨夜西风凋碧树，独上高楼，望尽天涯路”，是不可能抵达第三境“众里寻他千百度，蓦然回首，那人却在灯火阑珊处”这个最高境界的。鲁迅、郭沫若、郁达夫、老舍、徐志摩、闻一多等著名作家有着很深的传统文化的根底，但他们也都有着去欧美、日本留学的经历，融东西方文化于一炉；有的不但能搞创作，而且能翻译外国文学作品。刘海粟、徐悲鸿、潘张玉良等画坛名家也是如此。在书法界、戏曲界、曲艺界有很多名家，在中青年时期都能越过门户之见师从不同风格、不同流派的权威而集其大成，自成一脉。有的老师不但鼓励弟子这样做，而且亲自为其介绍，成为艺坛佳话。

在播音界也不乏这样的例子。夏青在开始播音时，还有带一点东北口音的苦恼，他说，他当时还把“国”念成“果”呢。为了解决语音问题，他一方面加强普通话语音训练，一方面刻苦学习汉语语音知识。他先后系统地钻研了罗常培的《普通话语言学纲要》《汉语音韵学导论》以及王力的《古代汉语》《诗词格律》等书。在读音方面还多次请教罗常培、吕叔湘、丁声树、王力、周殿福等语言学界的教授、专家。为了训练声音，他多方拜师，曾跟中央音乐学院的钢琴老师练习音节发声；曾向说唱团的单弦演员学唱单弦，练习吐字归音；曾向电影学院的吴青老师学习发音方法。然后，他向周殿福老师系统地学习了国际音标的发音。后来，夏青也成为语言学专家，被选为中国语言学会理事、中国文改会成员。

夏青还有一段向毛主席学播音的故事，很值得大家了解：一次，夏青听主席对中央委员讲话，夏青说，主席讲话并不都是高嗓门儿，他坐在中南海院子里的藤椅上，一边喝茶水，一边和委员们谈辨别风向的问题。主席以其战略家的敏锐，提出要发现问题于萌芽，解决问题于萌芽。他要求，作为一个领导者，必须接近群众，深入群众。如果不接近群众，不了解群众，就辨不清方向，辨不出风向。主席把重大的问题讲得形象生动，风趣自然，让人易于接受。他时而提出观点，时而引用生动的例子进行分析。他善用典故，宋玉关于“风生于地……”的典故，他信手拈来，引为旁证，为他所用，贴切自然。夏青感到，主席的谈话，对他播好争论性稿件启发很大。他说，有些社论、评论文章很长，播音员总是一个硬邦邦的调子，时间一长，就吃不消，效果也不好。如果按主席那样谈辨别风向的讲话方式，有的语言是提出问题，有的一段是解释，这些话可以轻松地讲出来，使得首尾前后互相呼应，这样就能把道理讲得很清楚。所谓大将风度，就是能够轻松自如地说明一个大道理。[①]

此外，夏青还曾经到北京新闻学校学习，听范长江、陈汉伯、朱穆之、吴冷西、陈克寒、梅益、温济泽等知名人士讲课，受益良多。

夏青曾担任中国播音学研究会会长、名誉会长，受聘担任国家语委审音委员会委员、全国高等学校文字改革学会顾问等。夏青拥有喜爱他乃至崇拜他的无数国内外听众，他的成功原因固然多种，但与他善于“转益多师”也是分不开的。

我们还应该明白，“转益多师”并不是机械地学习，而是要先入后出，借鉴吸收，化为自身的营养。这个“化”，不是物理性的，而是化学性的，这样才能催生出新质。袁枚在《随园诗话》中说：“读书如吃饭，善吃者长精神，不善吃者生痰瘤”“蚕食桑，而所吐者丝，非桑也；蜂采花。而所酿者蜜，非花也。”金代文学家赵秉文在《与李天英书》中说：“尽得诸人所长，然后卓然自成一家。”陆机在《文赋》中强调，要继承，更要创新，反对机械模仿前人：“收百世之阙文，采千载之遗韵；谢朝华于已披，启夕秀于未振。”他的大意是说，古人的东西当然可以学，可以用，但不能机械照搬。比如，前人已把美丽的女子比作花朵，形容面色红润如苹果似的脸蛋，你写诗作文时再这样说就没有新意，没有价值了。

再如中央台著名播音员林如，她在1954年曾经到莫斯科广播电台华语部学习播音，由费寄平帮助她掌握业务，她同时还听苏联播音员托别士的课。托别士主张：“播读稿件要朴实，要善于运用口语的表达方式，对所讲的事物要有视像，和听众要有感情上的交流”“播读稿件的语气愈朴素、愈柔和、愈像说而不像念就愈好。”[②] 林如吸取了托别士经验中本质的东西，即交流、视像、和谐统一，于是加强了在播音时与听众思想感情上的呼应，为林如后来所形成的含蓄风格的“传导力”做了铺垫，从而丰富了播音的表现力。林如学习费寄平的播音

---

① 姚喜双：《播音风格探》，中国文联出版公司，第130页。

② 托别士：《创造性地学习、工作》，林如译，《播音业务参考资料·二》，北京广播学院新闻系编印，第55页。

"含蓄、深沉、感情往深里走"，但自己不具备"浑厚低沉"的嗓音条件，她的声音特点是柔润甜美，属于"小嗓门儿"，于是重点学习费寄平"感情往深里走"这一根本，而不是追求声音形式上的简单模仿。林如从苏联回国后又得到了播音界先驱齐越的指导，业务上取得了扎扎实实的进步，并形成了自然质朴、含蓄深沉的艺术风格，成为特别受到广大听众热爱和好评的播音员之一。

"转益多师"，不仅指向专业方面的大师、老师学习，向书本学习，还包括向同事、身边的人学习，向听众、观众学习，向人民群众学习，自然也包括向业界以外的人学习。比如，听众、观众有很多来信，甚至电话，其中有批评有表扬，这就需要诚恳虚心地对待，吸收合理的意见和建议，尤其是批评的意见中间往往有着很宝贵的东西。俗话说"同行是冤家"，这是一种陈腐的旧观念，对优秀的同志应该见贤思齐，取长补短。水平一般，不及自己水平高的人，往往也有其长处，也应该谦虚对待。向群众学习，向交流对象学习，都不是一句空话，何况"三人行，必有我师焉"，这条古训决不能忘记。中央电视台主持人敬一丹曾经这样写道："很多嘉宾都是很好的老师，而话题就是我学习的课题。比如面对一个茶业专家，你可以请教多少相关问题呀！茶的历史、文化、生产、消费、国内的现状、国际的动态……等于是上一堂专门的课，比自己看书还便捷呢！[①]"敬一丹在做《一丹话题》的时候，有一次去山区的一个村子里采访，被采访者是一个惧怕镜头的人，采访效果很不如意。采访结束后，敬一丹对摄像杜禹说："说的什么呀，根本就不能用！"杜禹回答她说："没有不会说的，只有不会问的。"敬一丹听后仿佛头上挨了一棒，但冷静之后，觉得责任确实在自己，自己在镜头前的状态不够好，也没有很好地去调适对方的状态，于是心里对摄像产生了一种感谢之情。还有一次是《焦点访谈》栏目的采访，采访一位烈士的遗孀，敬一丹难以控制自己的情绪，当对方声泪俱下时，她也情不自禁地声泪俱下。回去编片子的时候，几乎找不到自己平静的神态和不流泪的镜头。回来以后，摄像王守诚以半开玩笑的口吻说："我拍摄敬大姐采访一位烈士遗孀，两人一块儿哭，我都分不清谁是烈士

① 敬一丹：《99个问号》，中国广播电视出版社，2004，第272页。

遗孀了。”摄像的话指出了敬一丹主持人身份的错位，导致感情失控。敬一丹从此把摄像当作自己的诤友，主动请他们作她采访现场的形象监督。

播音员主持人由于身处大众传媒的特殊岗位，属于社会公众人物，知名度高，容易产生一种“自己很了不起”的错觉，就会听不得别人的意见和批评，哪怕是正确的。有了这样一种心态，向群众学习就会成为一句空话。尤其是面对镜头和现场观众以及被采访者的电视工作者，很容易产生一种优越感，如果不加以自我警醒，就会成为阻挡自己学习进步的绊脚石。在最近中央电视台播放的全国诗词大会中，主持人董卿表现出了较高的古诗词修养和文化素质，受到观众好评。而来自全国各地各基层的“百人团”选手也表现不俗，参赛者有孩子，有老人，有工人，有学生，有个体经营者，有军人，有教师，甚至还有癌症患者……他们的诗词储备量多者达数千首，比赛现场让人眼界大开，震惊不已。点评嘉宾康震是北京师范大学文学院的教授、博士生导师，学养深厚，可是，他在点评时竟然说：“看这些选手的比赛，我心里有一种惭愧的感觉。”康震面对全国观众能诚实地说出自己的心里话，只能让人对他产生敬意。作为电视节目的主持人（全国各电视台）是不是也应该内视一下自己呢？通过很多电视节目，有越来越多的人认识到草根阶层的确是一个藏龙卧虎的地方。

第九节　掌握全局（整体把握）

无论是播音还是主持，心中有全局，对稿件、对节目要作整体把握，是贯穿创作全过程的一件重要工作，它从根本上决定创作的成败。如果胸中无全局，对节目处理不能作整体把握，就很容易犯下本末倒置、失去方向、顾此失彼的错误。

要掌握全局，就要解决好关涉全局的核心问题。针对一篇稿件、一档节目，首先要抓住或明确它的主旨、目的是什么，由此确定创作的路径、方向。方向不明、路径选择错误，难免南辕北辙。最近媒体报道，一位在北方某地打工、家在东北辽宁的农民工，为了回家过春节，提前半个月骑着自行车动身，路上艰辛备尝。十多天后竟然骑到南方某省境内，车也坏了，被当地交警发现，才知道方向反了，在交警的帮助下才得以返回。

以有稿播音而论，所谓主旨，就是文章的中心思想、主题，一般也就是作者的写作目的，古人称“主脑”“立意”。刘熙载《艺概》说：“主脑既得，则须制动以静，治繁以简，一线到底，百变而不离其宗。如兵非将不御，射非鹄不志也。”大意是，主脑既定，就要以不变之主脑，调动万变之章句。章句如士卒，主脑如将帅，士卒非将令不听，章句非主脑不从。

抓住了主旨，明确了立意何在，就可以进一步厘清文章的思路、行文脉络以及情感的变化节奏、层次安排的逻辑根据等。据此，播讲者就可以确定自己的表达方式与表达技巧了，比如风格的选择、基调的确定、色彩的变化、语气的使用、张弛疏密的处理等。这样就能做到心中有数，顺利进入创作状态。

付程教授曾以新闻稿件的播报为例，作了如下的分析：一篇新闻稿件是由一个个具体的词、句、段、层次、部分组成的。稿件中的这些局部不是杂乱无章的堆积，而是受主题、目的、基调的支配和制约，按照一定的逻辑、结构组成的有机整体。稿件整体的真实，是由构成稿件的一个个局部的语义组成的，但是，全篇整体的真实并不等于各个局部语义的简单相加。整体真实大于构成真实整体的局部语义之和。整体真实以局部语义为基础，局部语义又要从整体真实的高度来把握。如果处理不好这个关系，就会造成每个局部听起来似乎真实可信，但是，全篇听起来，却不连贯、不统一、不和谐，没有达成整体真实的要求。这是因为，稿件文字具有表意、表情的多向性，对理解存在着向许多方向发散的张力。播音员如果将稿件内容那些次要的、非重点的地方给予了过分的突出、强调，就等于强化了这些非重点词、句、段意向的张力，使听众的注意力和感情不能顺利地向着主题和宣传目的制高点定向推进。我们把这种现象称为整体失实。①

主持也是如此。

以电视访谈节目的主持为例，电视访谈节目的传播具有计划性、策略性和目标性的特点，而计划与策略均决定于传播目标。目标即目的。

每个节目都有它的策划团队，主持人要参与至少要了解每一个节目的

① 付程：《播音创作观念论》，北京广播学院出版社，2000，第128页。

具体传播目标。目标确定之后，根据目标的设定对主持话语的路径进行设计和编排。郑也夫在谈到他在《实话实说》节目的工作时说："即兴型的节目绝不能事先有台词，事前所能做到的只能是思路，只能通过问题使讨论由此及彼，由浅入深；而提问又不能横空出世，前后不粘，必须衔接得恰当、巧妙、有趣，因此也就必须在既定的思路基础上即兴发挥。我的策划案虽然只有一张纸，但是事前与主持人的讨论是比较充分的，一般要讨论三次，每次半天时间，以商讨节目的思路为主，努力克服假想的障碍和困难，同时也讨论嘉宾的人选。"[①] 合理的话语路径安排可以使嘉宾有表达的思路和积极性，主持人和嘉宾有序的问答以及嘉宾即兴的生发能够促使各种观点的和谐碰撞，从而使观众产生共鸣。所以，主持人在参与编导、策划设计方案时，要对节目的内容、结构、话题层次以及切入的角度等多个方面有一个缜密、科学、合理的思维布局。据此，主持人再进一步把具体的问题设计出来，也就是把素材的选择、话题的分配、话题的切入、问题的转换、沟通的调度等写入主持提纲里。有了好的提纲，主持才能踏实冷静，集中于现场发挥，做到纲举目张，重点突出，主旨鲜明。

所以，主旨确立之后，路径的设计、布局的安排也十分重要，这个道理对所有的艺术门类都是一样的。比如书法，不是展纸之后落笔就写，也有一个立意、构思、布局的问题。汪琬在谈到文章的写作时这样说："后之作者，唯知其字而不知句，知句而不知篇。于是有开而无合，有呼而无应，有后前而无操纵顿挫，不散则乱。譬如驱乌合之众人，而思制胜于天下，其不立败者几希。"[②] 这段话的意思是说，有些学习写作的人，只注意遣词造句，而不注重布局谋篇。于是他们的文章，不是有分析而无综合，就是有伏笔而无照应。因之疏漏百出，不是松散，就是混乱。不讲布局，就像驱遣乌合之众去作战一样，没有不失败的。又如下棋，有人这样总结说，高明的棋手，布局时所放的棋子，都好像闲着，无关紧要，不引人注意。但是布完局之后，对

① 郑也夫：《谈话节目及其策划人、主持人、嘉宾》，载时间、乔艳琳主编：《〈实话实说〉的实话》，上海文化出版社，1999，第24页。

② 汪琬：《答陈霭公书》，载《历代文人论文学》，文化艺术出版社，1985，第88页。

方才恍然大悟，发现他每放一子，都有目的，而且十分重要，至此，大势已就，补救已经来不及了。

这里有一个反面的例子。网络访谈节目《凤凰非常道》主持人、中国著名娱乐记者何东，2007年受邀作为嘉宾参加了东方卫视《星梦奇缘》节目《士兵突击》专场，录后，何东在博客上用激烈的言辞批评主持人：“一边修饰她那极不漂亮的屁股帘，她一边手里还攥着一叠纸念念叨叨。我以前参加过不少节目的录制，根据眼光一扫鼻子一嗅，就感觉她之前肯定就根本没做过《士兵突击》的准备功课。在她心目当中，《士兵突击》可能不过就是她所有录制节目中的一个，至于这个剧为什么这么火，观众反响为什么如此强烈？她根本就不了解也不会用心去了解。那以她手里那一堆纸，肯定都是编导现给她凑的材料，愣在现场使劲背呢。”[①] 这个例子同样可以给我们很好的启发，“她”的失败在于没有在前期准备上下足功夫，编导给她的提纲她也未能很好地熟悉、理解和消化，当然也就谈不上胸中有全局，从而陷入了一种盲目性。

整体把握的重要性还表现在局部必须服从整体上。例如，雕塑艺术大师罗丹在他的工作室完成了一件人体雕塑作品，助手们都围过来看，大家一致赞叹有一只手臂雕塑得特别漂亮。这时，罗丹用雕刻刀一下子就把这只手砍掉了，大家无不惊诧。罗丹说，这只手特别突出，说明它和整体是不和谐的，所以我才砍掉它。有的播音员主持人只在着装、化妆、姿势动作、声音技巧、语言表达上下功夫，而忽略了对关涉全局根本的重大问题方面的考虑，那就难免使这一切都游离于内容之外，沦为一种无意义的形式。当然，这些方面也很重要，问题在于形式永远服务于内容，是内容决定形式。主要的东西、全局的东西把握住了，其他方面也不可忽略，毕竟内容要通过形式来表现，完美地表达内容的形式才是一种“有意味的形式”，实现张颂所说的“无稿播音出口成章，有稿播音锦上添花”那样一种境界。整体和局部、全局和部分是相对的概念，我们对文稿、对节目的把握是一个从局部到整体再到局部又回到整体的循环过程，我们不过是强调要抓主要矛盾、抓矛盾的主要方面而已。

---

① 熊征宇：《电视访谈节目主持人传播能力解析》，中国广播影视出版社，2015，第78页。

第五章　汉语言及汉语言文学之美

——兼论与播音主持语言之关系

有声语言是广播电视最主要也是最重要的传播工具。因此，有声语言传播也是播音员主持人最主要和最重要的传播手段。1949 年 10 月 1 日在天安门举行开国大典，中央人民广播电台全程直播，毛主席操湖南口音的一句“中华人民共和国中央人民政府今天成立了”的洪亮声音通过电波传遍全世界，震撼全世界；大典的盛况通过现场解说传遍国内外，中国人民和海外华人沸腾起来了。广播和电视的普及，真正做到了“秀才不出门，全知天下事”。有声语言传播的威力由此可见一斑。

我们也有国际广播电台使用主要的外国语种对外广播；我们主要的人口相对较多的少数民族地区的广播电视也有使用本民族语言的播音和主持栏目。但是，由于汉民族和使用汉语交流的少数民族的人口占绝大多数，所以，中央人民广播电台、中央电视台以及各地方电台、电视台均采用汉语言传播的方式，这也是一个必然。

汉语是我们的母语，所以，我们讨论播音主持就不能不讨论汉民族语言以及负载着汉民族语言主要信息的汉语言文学了。前者是我们的母语，后者是几千年来用母语创作的语言艺术瑰宝和历史的记录。

第一节　汉民族语言之美

中华民族是一个多民族的大家庭，历史悠久，有五千多年的文明史。代表仰韶文化的陕西西安的半坡村遗址出土的彩陶器上已经有了文字的最早雏形，至今已有五千多年了。可想而知，口头语言的产生那就更早了。至夏、商、周时代，已经出现了甲骨文、金文，距今已有四千多年，这也是中国被世界公认为四大文明古国之一的有力证据。西周和春秋战国时期，出现了“五经”“三传”（《诗》《书》《礼》《易》《春秋》《左传》《公羊传》《穀梁传》），它们是我国保存至今的最古老的文献。由此可以看出，汉民族的语言史是多么悠久和灿烂。从文字来看，汉字是世界上历史最悠久的文字之一，然而世界上其他古老的文字如古埃及的圣书字和古美索不达米亚的楔形文字等都已不再使用，自古至今一直当作书面语形式来使用的，只有汉字了。

从世界范围来看，世界上各民族使用的语言有数千种之多，使用较多的有两百种左右，而使用人数最多的是汉语，约占世界人口的四分之一。汉语还是联合国组织正式工作语言之一，也是世界上最重要的语种之一。现在，随着中国的国力增强，国际地位提高，国际影响力不断扩大，汉语越来越受到世界各国的重视，孔子学院如雨后春笋遍布世界各地，很多国家的学校都增设了汉语课程，出现了空前的“汉语热”。

作为汉民族文化、汉民族语言的形式载体——汉字的出现，是一件石破天惊的大事，故有“仓颉造字，神鬼夜哭”的说法。

汉字是音节文字，一个汉字代表一个音节。现代汉语普通话中带声调的音节有一千几百个，汉字总数有近九万个。音节与汉字并不完全一一对应，一个音节往往对应几个甚至十几个汉字，一个汉字能对应好几个音节，这就产生了一字多音和一音多字的现象。汉字跟汉语音节的对应关系，适应了汉语语素的单音节性，使得汉字跟汉语之间有很强的适应性。

汉字由笔画组成，横向与纵向同时展开，形成平面，每个字和谐有序地分布在一个方框里，成平面型方块体文字，字形丰富多样。同时，汉字有象形、指事、会意、形声、转注、假借六种造字方法，汉字中有大量“形”的因素，因此有审美视像的功能，于是发展出独秀于世界文字之林的书法艺术。它的视觉性，造成人的审美知觉和审美联想。从甲骨文、金文到篆书、隶书、楷书、草书，绚烂多姿，异彩纷呈。而会意字里面则储存了大量的文化信息，如“武”，止戈为武；“信”，人须言而有信方立。汉字与意义的关系如此密切的表意性使它具有超越时空的特点，古今汉语语音系统发生了很大的变化但由于汉字字形的大体稳定性，所代表的字义变化并不大，所以今天我们仍然可以读懂上古或中古的文献，这对中国数千年丰富的文化遗产的继承和发展有着巨大的意义。而且在不同的方言区，书面文字也可以打破交流的障碍。与汉字不同的拼音文字，由于记录的是语音系统中的音位，语音系统变化了，拼音字母必然变化。所以，后代的人不经过专门的训练，就很难识读前代的文献，从而对文化传承造成重大障碍。两相对照，我们是有理由为中国的汉字而骄傲和自豪的，这有利于增强我们民族的凝聚力、自信心与自豪感。

一、语音美

汉语属于声调语言，每个音节由声、韵、调三种因素组成。我国古代的学者总结出了一套音韵学理论，其“四声”的理论就是其重要组成部分。所谓四声，是指声调的起伏造成声音高低变化的四种不同形态。在现代汉语中，分作阴平、阳平、上声、去声。在古汉语里，分作平声、上声、去声、入声。声调变化总是由一点滑向另一点，中间经过无数过渡的阶梯，其情形有点像弦乐乐器演奏时的滑音。比如我们从电视里面的舞台上，看到有人用二胡或小提琴模仿人讲话的声音，惟妙惟肖，就是证明，说明汉语语音是有着很强的音乐性的。西方的钢琴从一个音阶跳到另一个音阶，就无法模仿汉语的声调。汉语声调的变化以音节为单位，写出来就是字，一个字代表一个音节。音节的相对音高就是调值。这种相对音高大体可以分为五度，把它们写出来就像一组五线谱：

调值五度标记法

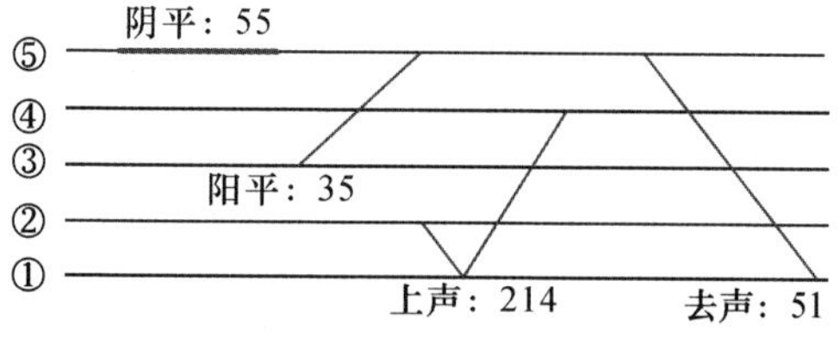

古汉语诗律中的平仄，就是根据音节起伏的度数大小区分的。声调起伏小于三度的叫平声（包括阴平和阳平），声调起伏大于三度的叫仄声（包括上

声和入声）。把声调起伏小，而又处于相对高的音阶上的平声与声调起伏大的仄声巧妙地结合起来，就会使音流有起有伏，像潺潺流水。平声如果是波峰，仄声就是波谷，从而造成和谐而有韵律、有变化的音乐美感。[①]

由于汉语以音节为基本单位，音节之间的界限清晰，就会呈现出一种节奏之美。大自然的运动是有节律的，日出月落、潮起潮落、春秋代序、盛衰荣枯等；声音合乎规律的变化才具有审美价值。古人运用节奏于诗词，使其有抑扬顿挫之妙；对联、农谚、劳动号子、歌咏、戏曲等于节奏都有着鲜明的体现。

此外，音节重叠也是一大特点，如舒舒服服、悠悠荡荡、呼呼啦啦、勤勤恳恳、冷冷清清、痛痛快快、凄凄惨惨，非常之多。重叠的运用，也增强了语流的音乐感。

还有双声叠韵。双声是指声母相同的两个音节，叠韵是指韵母相同的两个音节。如寥落、伶仃、翠微、琵琶等。双声叠韵出现在语流里，朗朗上口。

秦牧同志读了《毛主席给陈毅同志谈诗的一封信》之后谈了这样的感想："这封信中，又谈到'不讲平仄，即非律诗'。讲的虽是律诗方面的事，我想对于从事文学其他样式创作的人，也很有启迪意义。诗歌从先秦时代一直发展下来，从三言、四言、五言……发展到形成五七言的律、绝，诗的形式逐步严谨，按照律、绝的格式写成的诗，中规中矩，就必须具有抑扬顿挫、音韵和谐之美，一般都具有易记易诵的特点。这种音韵之美对旧体诗固然是它的重要特征，对于新诗难道不也是相当重要吗？"[②]毛泽东同志虽然说的是律诗，但他也讲到"但用白话写诗，几十年来，迄未成功"，这恐还是需要从包括音韵之美在内的形式方面去找一下原因吧。形式很重要，形式关乎内容的表达而反作用于内容。就四声而言，《康熙字典》载有《分四声法》歌诀："平声平道莫低昂，上声高呼猛烈强，去声分明哀远道，入声短促急收藏。"通过这首歌诀，我们可以发现，四声的发声特点不同，声音效果不同，而直接与

① 计永佑、吕香云：《美与艺术规律》，对外贸易教育出版社，1986，第190—191页。
② 秦牧：《艺海拾贝》，上海文艺出版社，1962，第220页。

情感的起伏变化相联系、相呼应。

汉语语音音节结构规整，音节结构由声、韵、调三个部分组成一个有机统一的整体（如下图）。声的和谐，形成双声；韵的和谐，形成韵律与叠韵；调的变化，形成诗词的格律。

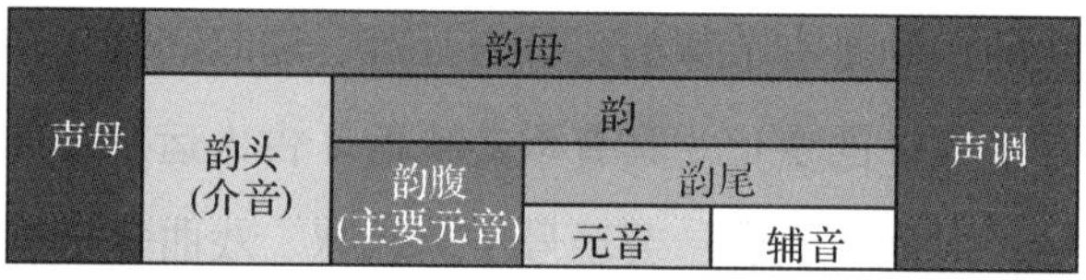

张颂曾这样总结说："由于声、韵、调的变化，平仄、韵脚的规则，共同营造了诗歌韵律的悠远高扬，产生了规整中的错落有致，参差中的有章可循，既有鲜明的节拍乐感，又有鲜活的词语张力，不因格式而单调，也不因自由而失度""韵律造就美感，因其构成元素包含着美感意味，诸元素的组合便使有声语言获得了有意味的形式，或者说具有了形式的意味。"[1]

此外，汉语语音的音素分为两大类，即元音和辅音。元音在普通话语音中特别占优势，元音多乐音，发音时声带颤动，不用较强的气流就能产生乐音（即有基因和谐音成分），而且声音也很响亮。普通话语音中没有不包含元音的音节，而且有不少音节只由元音充当，同时大多数音节又是以元音结尾，造成开音节，这样使得汉语语音成为最富于音乐美感的语言。

汉语的语音特点使汉语呈现出一种节奏美、旋律美和音声美，催生了种种艺术形式的产生，如诗词歌赋、散文小说、戏曲、曲艺、民歌民谣等，不一而足。《毛诗·关雎》序中说："情动于中而形于言，言之不足，故嗟叹之；嗟叹之不足，故永歌之；永歌之不足，不知手之舞之、足之蹈之也。"[2] 这段话明确表述了诗、歌、舞这些门类的艺术与汉语言的源流关系。可以说，节奏、旋律就是音乐、歌舞等各种表演艺术形式的立身之本。

二、语汇美

汉语的语汇量十分丰富。汉字多达数万，汉语语汇又分为单音节词、双

---

① 张颂：《诗歌朗诵》，中国传媒大学出版社，2008 年版，第 5—6 页。
② 《中华古文论选注》，百花文艺出版社，1991，第 9 页。

音节词和多音节词。所以，语汇量之大可以想见。从词的意义上分，语汇又可分为同义词、近义词和反义词；从词性上分，又可分为实词和虚词等。这些特点，为汉语表达的变化万千提供了充分条件。

汉语同义词的审美潜力，在于语义的细微差异，而使事物表达得更准确、更透辟、更形象。比如贾谊的《过秦论》，在“夺取天下”这个含义之下，接连使用了“席卷天下”“包举宇内”“囊括四海”“并吞八荒”四组同义语。在《诗经》里，表示手的不同动作的动词就有指、掺、挹、挟、携、抱、攘、按、采、抽、拨、拔、投、掇、抬、拊、提、握、折、授、搏、击、招等五十多个。表现战事的有攻、伐、讨、克、袭、入、占、侵等许多同义或近义语。

为了表达的准确而又富于艺术表现力，作家们总是在推敲选择语汇上下功夫。

我们所熟知的王安石改诗的故事可以说知道的人很多。人们是从洪迈的《诗词改写》的记述中了解到的：“王荆公绝句云：‘京口瓜洲一水间，钟山只隔数重山。春风又绿江南岸，明月何时照我还。’吴中士人家藏其草，初云‘又到江南岸’，圈去‘到’字，注曰‘不好’；改为‘过’复圈去而改为‘入’；旋改为‘满’；凡如是十许字，始定为‘绿’。”

王安石为什么用“绿”而不用“到、过、入、满”等词呢？因为“绿”在这里是词的活用，即形容词用作动词，同样具有动词的功能；同时活用本身就是一种创新的表现。更重要的是“绿”带来了鲜明的视觉感受，色彩鲜明，反映了春的最突出的特点。同时，“绿”呼应“春风”，既合乎自然逻辑又有一种生动的意境之美，写出了平畴绿野、草木争荣的一派勃勃生机。

李东阳《麓堂诗话》记述了这样一个故事：“任翻题台州寺壁诗曰：‘前锋月照一江水，僧在翠微开竹房。’既去，有观者，取笔改‘一’字为‘半’字。翻行数十里，乃得‘半’字，亟欲回易之，则见所改字，因叹曰：‘台州有人。’”我们不能不佩服任翻对艺术精益求精的认真态度，把“一”改为“半”确实更有艺术表现力。“前锋月照”当然会是“峰掩月”，但月光因峰所挡不可能照遍一江水。改为“半江水”，不仅符合实际，而且更见含蓄，更有诗味。

1931年1月17日，国民党反动当局秘密逮捕了左联五位青年作家：李伟森、柔石、胡也频、冯铿和殷夫；2月7日深夜，他们被秘密枪决。2月10日夜里，鲁迅悲愤地写下了《为了忘却的记念》一文，文章的结尾处是一首格律诗：

惯于长夜过春时，挈妇将雏鬓有丝。
梦里依稀慈母泪，城头变幻大王旗。
忍看朋辈成新鬼，怒向刀丛觅小诗。
吟罢低眉无写处，月光如水照缁衣。

原稿第一句“过”作“度”，第五句“忍”作“眼”，第六句“丛”作“边”。“过”与“度”属于同义词的选择，“度”略显凝重，比“过”更有文言色彩，与诗的体裁更加协调。“忍看”与“眼看”着笔于感情色彩，“忍看”包含了强烈的心理活动，感情格外浓烈。“刀边”与“刀丛”，后者表现白色恐怖的环境之险恶更准确，也更形象。三个字的改动，情感色彩更浓重，意境更深远。

郭沫若著名的五部抗战历史剧之一——《屈原》，1942年在重庆上演，轰动山城。第五幕第一场里有一段戏，宋玉要背叛屈原投靠南后，原稿中婵娟痛斥宋玉：“宋玉，我特别地恨你，你辜负了先生的教训，你是没有骨气的文人！”郭沫若有一次坐在台下觉得“你是没有骨气的文人”这句话不够味，到后台跟张瑞芳商量说，似乎可以在“没有骨气的”前边再加上“无耻的”三字。一旁扮演钓者的张逸生插话说：“‘你是’不如‘你这’，‘你这没有骨气的文人’就够味了！”郭沫若听罢略一沉吟拍手称赞，后来，他还写了《一字之师》的文章，记叙了这件事。

一字之改，立即使语言的审美表现力增强不少。原句是以判断词“是”表示的判断句，“是”没有感情色彩。“这”是代词，复指“你”，使肯定语气和感情色彩更加强烈。这一字之改，确实比原来更有味道。郭沫若还举一反三，把他的《水牛赞》一诗中的两句“你有殉道者的风怀，你有革命家的态度……”中的“有”字都改为了“这”。

从汉语丰富的语汇中，选取最恰当的词去表现生活中的形象，以增强语言的表现力、感染力，是词作为思维的工具而且也是作为表现美的工具的真谛。

作家创作固然需要天才与灵感，需要形象思维的能力，但是形象思维的展开和灵感的捕捉，都要以灵感为基础，并且以寻找到适当的语言形式来体现作者捕捉到的形象作为思维形成的客观标记。作者对作品的反复检视与不断修改，表明形象思维的深入与完善。因此，我们完全可以理解那些“苦吟诗人”，连杜甫都说过“新诗改罢自长吟”“为人性僻耽佳句，语不惊人死不休”。

语汇的调换不仅使表达更准确和更富于表现力，而且可以避免说话或行文的重复、单调与乏味。老舍就批评过有的人不管写什么使用动词就是一个“搞”字，搞农业、搞工作、搞恋爱、搞饭吃、搞教学、搞艺术、搞垃圾、搞研究，显得语汇十分贫乏，面目可厌。汉语语汇如此丰富，我们一定要学会善于运用，充分展现汉语的艺术魅力。

三、语法美

运用语法手段的变化，也是展现汉语语言美的重要途径之一。如果说，语汇在审美中就像璀璨夺目的珍珠，那么语法就宛如把这些珍珠用各种形式编织起来的金丝银线。通过语法形式的“剪裁”“编织”，就可以使语言之美更加异彩纷呈。

首先看看独词句的运用问题。

什么是独词句呢？它是由一个词或一个以名词为中心的偏正词组构成的句子。独词句虽然只是一个词或一个偏正词组，但在特定的语言环境中能够表达一个完整的意思。如表示刚发现的事物“飞机！”“蛇！”；表示对事物的咏叹、赞美和贬斥：“该死的东西！”(《变色龙》)，“多么可爱的秋色啊！”(《秋色赋》)，“好个‘友邦人士’！”(《“友邦惊诧”论》）还有一些类型。独词句不同于省略句，它不能也无须补出别的成分，它本身就是一个独立的句子，不论在什么情况下，都不与其他句子成分发生结构关系。

古代诗文中有许多借独词句增强语言艺术表现力的成功范例。如温庭筠的《商山早行》：

晨起动征铎，客行悲故乡。
鸡声茅店月，人迹板桥霜。
槲叶落山路，枳花明驿墙。
因思杜陵梦，凫雁满回塘。

诗中的“鸡声茅店月，人迹板桥霜”两句历来脍炙人口。梅尧臣曾经对欧阳修说：最好的诗，应该“状难写之景如在目前，含不尽之意于言外”。欧阳修请他举例说明，他便举出这两句来，并反问道：“道路辛苦，羁旅愁思，岂不见于言外乎?”（欧阳修:《六一诗话》）李东阳在《怀麓堂诗话》中进一步分析说：“‘鸡声茅店月，人迹板桥霜’，人但知其能道羁愁野况于言意之表，不知二句中不用一二闲字，止提掇出紧关物色字样，而音韵铿锵，意象具足，始为难得。若强排硬叠，不论其字面之清浊，音韵之谐舛，而云我能写景用事，岂可哉!”“音韵铿锵”“意象具足”，是一切好诗的必备条件。李东阳把这两点作为“不用一二闲字，止提掇紧关物色字样”的从属条件提出，很可以说明这两句诗的艺术特色。所谓“闲学”，指的是名词以外的各种词；所谓“提掇紧关物色字样”，指的是代表典型景物的名词的选择和组合。这两句诗可分解为代表十种景物的十个名词：鸡、声、茅、店、月，人、迹、板、桥、霜。虽然在诗句里，“鸡声”“茅店”“人迹”“板桥”都结合为“定语加中心词”的偏正词组，但由于作定语的都是名词，所以仍然保留了名词的具体感。例如“鸡声”一词，“鸡”和“声”结合在一起，就能唤起引颈长鸣的视觉形象，“茅店”“人迹”“板桥”也是如此。诗人运用富有特征性的景物的组合，前一句写“早”，后一句写“行”，情景宛然在目，确实称得上“意象具足”的佳句。

马致远的《天净沙·秋思》也是运用独词句的成功艺术范例。

枯藤，老树，昏鸦。

小桥，流水，人家。
古道，西风，瘦马。
夕阳西下，
断肠人在天涯。

这首小令，不仅意境深远，而且用独词句创造了一种“有意味的形式”，从一个侧面证明了汉语语法结构的审美潜力。

从作家的审美心理来看，“枯藤”“老树”“昏鸦”；“小桥”“流水”“人家”；“古道”“西风”“瘦马”，这一切景物都是诗人的眼中景物。然而在加上了“枯”“老”“昏”这样一些形容词之后，则又表达了诗人内心深处的情感，景物被涂抹上一层由诗人心中投射出的情感色彩，从而形成复杂的美学意境。诗人用独词句指给我们一个又一个景物，犹如在告诉我们：“这里是枯藤”“那里是老树”，通过形象画面的有机组合，调动读者的审美经验，运用想象与联想的形象思维方式进入诗的意境，领悟诗的意绪、情感而产生共鸣。

又如紧缩句。紧缩句也是汉语语法独具特色的句法格式。这种句法格式在中国古代诗词中有较多的运用。如杜甫诗《秋野》句：“水深云极乐，林茂鸟知归”；《江亭》句：“水流心不竞，云在意俱迟”。这四句，都是紧缩句。

所谓紧缩句，就是把复句压缩成单句的形式，使语言更加简练明快。而艺术语言是讲求精练的，诗词更是如此。“水深云极乐，林茂鸟知归”，是说：因为水深了，所以鱼特别快乐；由于林木十分茂密，所以鸟才知道归来。以此说明环境的重要性，同时又能激发联想。“水流心不竞，云在意俱迟”，是说：因为看到水的缓缓流动，云的停止不动，所以（我）争竞的心思，飞驰的意念都停滞了。说明“水流”“云在”中也含有道理，同当时杜甫的心情也是相对应的。沈德潜在《说诗晬语·卷下》中评价说“俱入理趣”。再如他的《登高》诗：

风急天高猿啸哀，
渚清沙白鸟飞回。
无边落木萧萧下，

不尽长江滚滚来。
万里悲秋常作客，
百年多病独登台。
艰难苦恨繁霜鬓，
潦倒新停浊酒杯。

四联当中，就有三联是压缩句。首联说，因风急天高，使猿猴的鸣叫声更见凄哀；而由于渚沙白，所以才引来迎风飞翔、不住回旋的鸟群。颈联写诗人由于长期漂泊无定，以至于目睹苍凉恢廓的秋景而生无限悲愁之绪；因多病而独爱登台，让人深深感受到诗人那沉重的、跳动着的感情脉搏。尾联，写诗人备尝艰难潦倒之苦，国恨家仇，使白发日多；再加上因病断酒，悲愁就更难以排遣。胡应麟在《诗薮》中评价此诗不只“全篇可法”，而且“用字用句皆古今人必不敢道，决不能道者”，并推此诗精光万丈，是古今七言律诗之冠。

紧缩句的特点是，它可以把复杂的内容包含在一个简练的句式中。从语法与逻辑的关系看，一个紧缩句可以表示一整套三段论，也可以表示一个完整的因果律，上述杜诗例句体现的均为因果律。有时，一个紧缩句甚至可以包含两个假言判断，如苏轼诗句“横看成岭侧成峰”，就含两个假言判断，即：如果横看，那么山势就会成岭；如果侧看，山势就会成峰。

写诗要求言约意丰，惜墨如金。这种主观要求，只能建立在可观的语言基础上，紧缩句就是为这种要求提供的语言基础之一。

汉语语法的另一个特点是：一个实词有多种语法意义、语汇意义，并且有其特定的修辞色彩。这包括词性的兼类和语汇的活用。如：

知否知否？应是绿肥红瘦。
日出江花红胜火，春来江水绿如蓝。
流光容易把人抛，红了樱桃，绿了芭蕉。

例（一）中的“绿”与“红”，均为形容词用作名词，分别表示叶与花，南京胡仔《苕溪渔隐丛话》说：“‘绿肥红瘦’，此语甚新”；明代蒋一葵《尧山堂外纪》说：“当时文士莫不击节赞赏，未有能道之也。”

例（二）中的“火”，名词用作形容词，言江岸花的红胜于火的红；“蓝”原为兰草，指兰草的颜色，名词，此用作形容词。真是写景如画。

例（三）中的“红”“绿”均为形容词用作动词，用词色彩自然绚丽，又化虚为实，令人称奇。

苏轼《前赤壁赋》中有“凌万顷之茫然”句，本该为“凌茫然之万顷”。现在把“茫然”作为中心词，当名词用，于是就突出了“茫然”，在语势上使人更加感到长江的浩渺，表达效果的强化十分明显。

前面，我们讲汉语语音美的时候，曾经谈到过词的重叠。实际上词的重叠也是汉语语法富有审美表现力的语法形式，词的重叠影响语法意义，而且归根结底是一个语法问题。

请看《古诗十九首》之一：

迢迢牵牛星，皎皎河汉女。
纤纤擢素手，札札弄机杼。
终日不成章，泣涕零如雨。
河汉清且浅，相去复几许！
盈盈一水间，脉脉不得语。

诗中，迢迢、皎皎、纤纤都是形容词。词的重叠用于形容词可以使诗句的意味更加深长、隽永。外语语法，形容词一般分为原级、比较级和最高级，而汉语形容词的重叠可以说是一种最高级的表现形式。“迢迢”，是遥远而又遥远；“皎皎”，是皎洁而又皎洁；“纤纤”，是纤细而又纤细。全诗十句，共六次出现形容词的重叠，使诗的意境缠绵而多情。

词的重叠还有助于刻画形象和表达情感，可以以少总多，使情貌无遗。刘勰在评价《诗经》运用词的重叠时说：“‘灼灼’状桃李之鲜，‘依依’尽杨柳之貌，‘杲杲’为日出之容，‘瀌瀌’似雨雪之状，‘喈喈’逐黄鸟之声，‘喓喓’学草虫之韵”“流连万象之际，沉吟视听之区；写气图貌，既随物以宛转；属采附声，亦与心而徘徊。”他甚至赞美说：“一言穷理，两字穷形。虽复思经千载，将何易夺？故重沓复状，模山范水，字必鱼贯。”①

由此可见，词的重叠的确是一种富于审美表现力的语法形式。

汉语之美如汪洋大海，上述例析只是“作一瓢饮”。

第二节 汉语言文学之美

汉民族语言与其他民族语言一样，分为口头语言和书面语言，对播音员主持人来说，它们都是学习语言的源泉。汉语言文学是汉民族书面语言的重要组成部分，所以，这里我们把它作为专门的对象来谈一谈。汉民族文学是汉语言书面运用的艺术结晶，是汉民族语言文化的瑰宝。但是，文学作品与那些非文学形式又是存在着交叉互渗的情形的。例如书信这种形式，我们一般将其列入应用文体，而林觉民的《与妻书》、司马迁的《报任安书》等大量书信体文章之文学性是相当强的。司马迁的《史记》，被鲁迅称誉为“史家之绝唱，无韵之离骚”，说明《史记》的特点是跨历史与文学两界的。之所以谈及这些，是因为以下的分析举例会遇到这种情形，于是预作说明。

汉语言文学作品穿越历史的千年时空，有许许多多由于战乱等各种原因先后失传了。但仅就流传保存至今的来看，比作“海洋”，也似乎算不得夸张。古人谓“汗牛充栋”，恐怕就不足以形容了。前面我们谈到上古时代的时候，曾经提到过“五经”“三传”。仅就《诗经》来说，经孔子删定后仍有305首之多。它广泛地反映了2500多年前的时代面貌与社会生活，内容十分丰富，而且是用来合乐歌唱的，音乐性非常强。《诗经》的艺术表现力已经达到了极高的程度，例如“昔我往矣，杨柳依依。今我来思，雨雪霏霏。行道

① 刘勰:《文心雕龙·物色》，载张少康主编《中国历代文论精品》，时代文艺出版社，1995，第213页。

迟迟，载渴载饥。我心伤悲，莫知我哀!”不仅形象生动，语言精练，而且情景交融，感人至深。《诗经》中的大量词语如“信誓旦旦”“夙兴夜寐”“风雨如晦”“一日不见，如三秋兮”等仍然活跃在我们当下的语言中。《诗经》赋、比、兴的艺术表现手法及其现实主义传统，更是对后世影响深远，孔子甚至说过“不学诗，无以言”这样的话。到了唐代，写诗、吟诗，几乎成了时代风气，近乎达到人人能诗的地步，仅《全唐诗》收录的就有几万首。从古至今的诗人，正如天上繁星一般，无以计数。中央电视台主办的《中国诗词大会》，收视盛况空前，产生了强烈的社会影响，诗歌在中国传统文化中的位置可见一斑。

中国的散文传统几乎与诗歌一样久远，除大量的历史散文著作之外，诸子散文大家迭出，异彩纷呈，《论语》《孟子》《墨子》《荀子》《韩非子》等不仅直接影响到汉代及后世散文的发展，而且也是中国文化思想资源的重要宝库。庄子、屈原成为中国浪漫主义文学的开创者，老子的《道德经》已经传播全世界。散文发展到明清以至当代，名家名作不胜枚举。读《岳阳楼记》，就想到范仲淹；读《醉翁亭记》，就想到欧阳修；读《永州八记》，就想到柳宗元；读《背影》《荷塘月色》，就想到朱自清……“先天下之忧而忧，后天下之乐而乐”，这样的经典名句已经深入中国人的精神血脉之中了。

中国的戏剧文学大师关汉卿比西方的莎士比亚出现得要早得多，创作成就足以俯视天下。四大古典文学名著之一的《红楼梦》，更是造就了中国小说艺术的巅峰。曹雪芹塑造的众多人物形象都具有永久不能磨灭的艺术魅力；就连《西游记》《三国演义》《水浒传》也都具有国际性的影响，均为不争的事实。毛泽东曾经多次要求党的高级干部都要读一读《红楼梦》，还在会上点名问许世友读了没有？读了几遍？并提出要求说：“至少要读三遍。”毛主席的学养深厚，博古通今，得力于他的大量阅读和吸收。鲁迅少年时期就把在绍兴能找到的书籍几乎读遍了，一个去南京学工、到日本学医的人，为什么一下子成了文学泰斗？难道还找不出答案来吗？

至于其他文学样式的发展与成就，这里就不一一尽述了。文学进入当代以来，尤其是改革开放以来，文学的繁荣具备了更好的条件，党和人民对之寄予厚望。近年来，莫言获得了诺贝尔文学奖，实现了大陆作家在这一世界性奖项上零的突破，其标志性意义更大于实际意义吧。

习近平总书记在全国文代会上发表了重要讲话，高度肯定了文学艺术在社会发展、国家发展中的重要地位，高度评价了文学艺术作为精神食粮的重大作用和影响力，这对我们新闻工作者——播音主持的从业人员同样具有重要指导意义。我们要全面提高自己的素质，就需要从包括文学艺术在内的各个方面汲取营养，从而把工作做得更好。

下面谈谈汉语言文学之美的主要表现。

一、精神之美

（一）爱国主义精神

屈原的《离骚》《国殇》，《汉书》中的《苏武传》，岳飞的《满江红》，文天祥的《过零丁洋》《正气歌》，陆游的诗，辛弃疾的词等都是爱国主义文学作品的代表。直至清代，还有顾炎武、黄宗羲、王夫之、归庄、屈大均、魏禧等，写出了一大批极富影响力的爱国主义诗文。抗日战争、抗美援朝时期，集中体现爱国主义文学作品就更多了，如光未然的《黄河大合唱》的歌词，田汉写的《义勇军进行曲》歌词（后来被定为国歌）；以抗日战争、抗美援朝战争为题材的戏剧文学、电影文学以及小说、报告文学、散文、通讯等更是无法统计。如郭沫若以《屈原》为代表的五部抗战史剧，魏巍的文艺通讯《谁是最可爱的人》等在当时产生了极大的影响。

“人生自古谁无死，留取丹心照汗青”传唱千古，爱国主义是中华民族精神的核心。文学作品，紧密联系着中华民族爱国主义精神遗传密码的历史传承。

一个时期以来，诋毁英雄人物，甚至美化汉奸的言论时有泛起。播音员主持人，站在新闻舆论的第一线，负有捍卫民族文化、民族精神的重大使命，责无旁贷。

（二）革命英雄主义精神

“红军不怕远征难，万水千山只等闲”“为有牺牲多壮志，敢叫日月换新天”，毛泽东诗词中有很多这样的抒发革命英雄主义精神的名句、名篇。它不但在战争年代鼓舞着中国人民敢于斗争、敢于牺牲、敢于胜利，而且在改革开放的新的历史时期，仍然是鼓舞我们的强大精神动力。

古今以来，革命英雄主义也是贯穿着整个汉语言文学的。就连在战乱中颠沛流离的弱女子、以写婉约词出名的李清照，也写下了“生当作人杰，死亦为鬼雄。至今思项羽，不肯过江东”（《夏日绝句》）这样的五言绝句。

毛主席《和郭沫若同志》这首诗，有“今日欢呼孙大圣，只缘妖雾又重来”二句，毛主席肯定的就是《西游记》中的一号男主角孙悟空敢于斗争的英雄主义精神。同时，也体现了文学的历史继承性。读者、观众喜欢《西游记》，主要就是喜欢孙悟空，崇拜他的大无畏的斗争精神。吴承恩以神话小说的形式，把孙悟空人格化了，创造了长篇小说的浪漫主义形式。

（三）关心社稷、关心民瘼的精神情怀

前面我们提到过范仲淹，一般认为岳阳楼因《岳阳楼记》而闻名。《岳阳楼记》把景物写得很美，以至于少年儿童都能熟练地背诵。但我以为，此文的真正价值所在不是写景，而在“先天下之忧而忧，后天下之乐而乐”这两句里，它是全篇的“文眼”，是作者的立意之处。读过能让人终身不忘的、流传最为广泛的也就是这两句，它成为许多在政治上有抱负的仁人志士的座右铭。

杜甫被誉为诗圣，他的诗歌的艺术性的确达于极境。但人们热爱他和他的作品，还因为他一生关心国事，关心民生疾苦。《三吏》《三别》《茅屋为秋风所破歌》等都是这方面的代表作品。“穷年忧黎元，叹息肠内热”（《赴奉先咏怀》）；“安得广厦千万间，大庇天下寒士俱欢颜。风雨不动安如山。呜呼，何时眼前突兀见此屋，吾庐独破受冻死亦足！”这些都是杜甫忧国忧民的心迹坦露、真实写照。

关心社稷、关心民生疾苦，通过文学作品体现出中国进步知识分子的情怀，今天“执政为民”的思想也可以从中发现它的历史继承性。作为媒体和媒体人，这也是应有的历史担当。

（四）追求真理与科学探索的精神

孔子说：“朝闻道，夕死可矣。”（《论语·里仁》）“士志于道，而耻恶衣恶食者，未足与议也”（同上）；“见贤思齐，见不贤而内自省也”（同上）；“道不行，乘桴浮于海”（《论语·公冶长第五》）；“学而不厌，诲人不倦”（《论语·述而第七》）；“三人行，必有我师焉；择其善者而从之，其不善者而改之”（同上）。孔子这方面思想的论述还有很多，而且付诸实践，历经艰危，不改其志，成为我国古代最伟大、影响最深远的思想家和教育家。

屈原《离骚》中的名句“路漫漫其修远兮，吾将上下而求索”，在全社会有着很高的普及率，稍涉文化者几乎无人不晓；几千年来，这种追求真理的精神成为历代优秀知识分子奋然前行、义无反顾的重要支撑。屈原的另一名篇《天问》，提出了约一百八十个问题，关涉天地形成、自然现象、神话传说、历史故事以及当代的政治、社会等多方面的内容。通过问天，提出了宇宙自然和历史社会的各种问题，企图探索自然和天人之际的关系与社会历史兴替的原因。诗人的探索精神体现了我国古代人民积极的世界观和人生观，同时，表现了诗人朴素的唯物史观和对祖国、人民的热爱。诗的内容，包含了极为丰富的哲学、社会学的道理，为我国哲学史、思想史乃至文学史提供了丰富的史料。屈原不但是一位伟大的爱国主义诗人，也是一位伟大的思想者的先驱。

中国汉语言文学，是我国重要的思想宝库，也是中华民族伟大精神的结晶。

二、多样之美

（一）题材

就题材来看，政治、经济、文化、学术、军事、社会、地理、历史、哲学、自然、伦理、民俗、武侠、神话、民间传说、言情、爱情几乎无所不包。可以说，中华民族的飞天梦想从“嫦娥奔月”就开始了；“大禹治水”，则表现了古代劳动人民利用自然规律造福百姓的聪明和智慧；《诗经·关雎》，开创了我国爱情诗歌的先河；《国语》《左传》《战国策》等是历史散文的滥觞；诸子散文，为后世叙事、抒情、议论散文开辟了道路；屈原的《离骚》，是中国政治抒情诗的一面旗帜；《三国演义》战争题材的宏大，《西游记》神话题材的神奇想象，《红楼梦》百科全书式的展示，在人类文学史上都可以说是独树一帜的。郦道元的《水经注》，虽说是一部地理学著作，但其语言的精练、形象、生动，也无愧于是一部杰出的文学著作。《孙子》，是一部军事著作，文学魅力也非常之强。《庄子》是哲学著作，《逍遥游》是它的代表，它把逻辑思维与形象思维相结合，运用奇特的夸张、瑰丽的想象、传神的刻画、飞腾的气势、寓言的插入，把理论文章写得汪洋恣肆、仪态万方，“云气空濛，往返纸上”（林云铭语）。当代，金庸的武侠题材的小说，更是风靡海内外。

（二）体裁

就体裁来说，与世界各国大体一致者不论，小说的章回体就是一大创造。根据情节变化分成若干回目，标题多为整齐对称的韵文构成；回目转换时，往往巧妙设置悬念，以吊足读者的胃口，与说唱文学的关系十分密切。中国的戏曲形式，在世界上是与他国戏剧不同的唯一。戏曲文学剧本，把唱词里的“唱”、道白里的“念”与“做”“打”的表演结合起来，赋予戏曲语言艺术以独特的魅力，使中国戏曲成为“国粹”而走向世界。由于汉语的自身特点，骈赋、文赋、格律诗、宋词、元曲，这些文学样式也是仅为中华民族所独有的。除赋以外，都是可以合乐歌唱的。此外，还有相声、评书、评弹等曲艺形式。例如相声，以说、学、逗、唱作为四门功课，说为主，放在第一位，以“抖包袱”的形式制造笑料，雅俗共赏，是受到广大观众特别喜爱的艺术形式之一。著名相声艺术大师侯宝林曾受聘于北京大学中文系为兼职教授，还多次为毛主席及党和国家其他领导人在中南海表演相声。相声的根本在于创作，要求很高，难度很大，需要智慧和深厚的生活基础、语言功力。骆玉笙的京韵大鼓，刘兰芳、袁阔成、田连元、单田芳的评书在群众中有着极大的影响，他们表演的底本都是在优秀文学作品的基础上经过再创造加工而成的。所有这些，均为中华民族所独有。

三、形式之美

形式是内容的载体，没有无内容的形式，也没有无形式的内容。形式对内容具有反作用，歌德在谈到这个问题的时候说：“不同的诗的形式，会产生奥妙的巨大效果。如果有人把我在罗马写的一些挽歌诗的内容用拜伦在《唐璜》里所用的语调和音律翻译出来，通体就必然显得是靡靡之音了。”①

作品的结构，是指布局安排、组合构造。

形式，包括外形式与内形式。以诗歌为例，下面谈谈诗歌的外在结构形式美。

我国两汉时期产生的乐府诗，长短不拘，篇无定句，句无定字，可以入乐，多为五言。《上邪》和《陌上桑》可作代表：

上邪

上邪！我欲与君相知，长命无绝衰。山无陵，江水为竭，冬雷震震夏雨雪，天地合，乃敢与君绝！

陌上桑

日出东南隅，照我秦氏楼。
秦氏有好女，自名为罗敷。
罗敷喜蚕桑，采桑城南隅。
青丝为笼系，桂枝为笼钩。
头上倭堕髻，耳中明月珠。
缃绮为下裙，紫绮为上襦。

古风体。不受格律限制，每首的句数少者二、三、四句，多者可达百余句；每句的字数也可多可少。一般按每一诗句的字数，划分为四言、五言、七言和歌等。四言以《诗经》为代表，如《关雎》；《古诗十九首》，是五言诗的代表；七言，如杜甫的《丽人行》；歌的代表作，是屈原的《离骚》和《九歌》，多为五言和六言，一般以“兮”字置于句中或句尾，以强化抒情性。楚歌中，项羽的《垓下》，刘邦的《大风》，都为广大读者所熟知：

① 爱克曼：《歌德谈话录》，人民文学出版社，1978，第29页。

垓下

力拔山兮气盖世，时不利兮骓不逝。

骓不逝兮可奈何，虞兮虞兮奈若何！

大风

大风起兮云飞扬，

威加海内兮归故乡，

安得猛士兮守四方！

律诗和绝句。律，声律的意思，指形式排偶、声调和谐的法则以及整齐化和音乐化的规则。律诗每首八句，中间四句对仗，字数、音韵、平仄均有极为严格的要求。律诗包括五律、七律及长律。

五律，如杜甫的《春望》：

国破山河在，城春草木深。

感时花溅泪，恨别鸟惊心。

烽火连三月，家书抵万金。

白头搔更短，浑欲不胜簪。

七律，如崔颢的《黄鹤楼》：

昔人已乘黄鹤去，此地空余黄鹤楼。

黄鹤一去不复返，白云千载空悠悠。

晴川历历汉阳树，芳草萋萋鹦鹉洲。

日暮乡关何处是？烟波江上使人愁。

绝句，每首定格四句，等于律诗减半；以五、七言为主，简称五绝、七绝。平仄、押韵有一定规则，但较律诗自由。

五绝，如柳宗元《江雪》：

千山鸟飞绝，万径人踪灭。
孤舟蓑笠翁，独钓寒江雪。

七绝，如李白《赠汪伦》：

李白乘舟将欲行，忽闻岸上踏歌声。
桃花潭水深千尺，不及汪伦送我情。

词、曲。系唐以降按乐谱填写的句式不整齐的诗，按篇幅长短分为三类：五十八字以内称小令；五十九字至九十字称中调；九十字以上称长调。到了元代，成为散曲体式之一。散曲与词的不同点在于它可以加衬字。

限于篇幅，词仅举小令一副：

昨夜雨疏风骤，浓睡不消残酒。试问卷帘人，却道“海棠依旧”。知否，知否？应是绿肥红瘦。

——李清照《如梦令》

曲，亦举一例：

碧云天，黄花地，西风紧，北雁南飞。
晓来谁染霜林醉？总是离人泪。

——王实甫《西厢记·正宫·端正好》

“五四”新文化运动以来，白话新诗兴起，蔚成大观，发展至今。从形式上，新诗可分为新格律体、自由体、梯形体、散文诗和十四行诗等。

新格律体，是对旧格律诗的一种革新，但不再有“平仄”的要求与限制，只是隔行押韵而已。闻一多的《死水》等可为代表。闻一多提出诗歌“三美”的主张，即音乐美、绘画美、建筑美。“建筑美”，就是指诗的外在结构形式：节的匀称和句的整齐。如《死水》，全诗共分五节，每节四行，每行九个字，排列似建筑物般的整齐匀称。

自由体。篇无定句，句无定字，完全根据抒情的需要而长短不一，参差错落，只要大体押韵即可。如冰心的《繁星·四十八》，只有短短三行：

弱小的草呵！
骄傲些罢，
只有你普遍的装点了世界。

而李季的叙事长诗《王贵与李香香》，则长达七百多行。它采取的是陕北民歌信天游的形式，两句一节，可以无限制地铺展下去。

梯形体，亦称阶梯式。行无定字，篇无定节，行与行之间互相错列，呈楼梯状，故名。这种形式源于国外，但我国诗人对它加以改造，把古典诗歌中的对称、平衡、和谐与外国梯形式的参差、跌宕相结合，用对称和不对称的统一来组织节奏。

如郭小川《闪耀吧，青春的火焰》：

我几乎不能辨认
　　　　这季节
　　　　　　　到底是夏天还是春天，
在我目光所及的地方
　　　　处处都跃动着新生的喜欢，
我几乎计算不出
　　　　我自己
　　　　　　　究竟是中年还是青年，
因为

从我面前流过的没一点时光
　　　　都是这样新鲜。

我呀
　——好动而且兴趣过于广泛，
只是对
　　这样的生活
　　　　发生了永世不渝的爱恋，
我呀
　——渺小而平凡
可是我把自己
　　看作巨人
　　　辽阔的国土就是我的家园。

散文诗。是用散文形式写的诗，句无定字，又不分行排列，往往以小见大，言近旨远，能给人以新鲜而深刻的启示，如鲁迅的《野草》。

十四行诗。是国外常见的一种诗体，是一种格律形式十分严谨的抒情形式，因全诗共十四行而得名。这种形式经过我国诗人的改造、扬弃，变成非常自然的行行押韵或隔行押韵，一韵到底，诗行排列完全依照诗的内容和诗人感情振动波的长短而自然收缩。冯至的《十四行集》，是其代表。

其他还有歌谣体，类别也很多，在此不赘。

清人吴淇说："诗有内有外。显于外者曰文曰辞，蕴于内者曰志曰意。"（《六朝选诗定论缘起》）古往今来，就是这些别具一格、各有千秋的"显于外者"的诗体形式，包容着人们千差万别、各闪异彩的对社会、人生的思考和深切感受，诗人思想的火花得以闪烁，澎湃的激情得以抒发。

诗歌结构的内形式，是指随着作者思想感情的变化诗歌所具有的节奏感与韵律美。

节奏，是诗的语言有规律的运动所造成的节拍和停顿，体现着诗人所抒发的情感的轻重抑扬、高低起伏。声音有组织、有节奏的和谐运动，就是旋律。节奏、韵律，形成诗歌的音乐美。

古代诗人善于把声调起伏小、而又处于相对高的音节上的平声与声调起伏大的仄声巧妙地安排起来，就会使音流有起有伏，像潺潺流水。平声如果是波峰，仄声就是波谷，从而造成一种和谐而有韵律、有变化的音乐美感。

以杜甫的《春望》为例：

国破山河在，　（仄仄平平仄）
城春草木深。　（平平仄仄平）
感时花溅泪，　（平平平仄仄）
恨别鸟惊心。　（仄仄仄平平）
烽火连三月，　（仄仄平平仄）
家书抵万金。　（平平仄仄平）
白头搔更短，　（平平平仄仄）
浑欲不胜簪。　（仄仄仄平平）

把这首诗的语流起伏描画出来，可以看到和谐的韵律之美：

```
          ·—·
        /     \
   ·—·          · 国破山河在，
   ·—·          · 城春草木深。
        \     /
          ·—·
   ·—·—·
          \
            ·—· 感时花溅泪，
            ·—· 恨别鸟惊心。
          /
```

·—·—·

·—·

/ \

·—· ·烽火连三月，

·—· ·家书抵万金。

\ /

·—·

·—·—·

\

·—· 白头搔更短，

·—· 浑欲不胜簪。

/

·—·—·

自由体新诗是对旧体诗的解放，平仄交错但更灵活，大体押韵而不死板，音步变化讲究和谐而无一定模式，仍然体现着音乐美的传统。

如戴望舒的《雨巷》刚发表，叶圣陶就称赞说：它“替新诗的音节开了一个新起点。”《雨巷》在新诗史上的价值就是造出了一种新节奏。

撑着油纸伞，独自
彷徨在悠长，悠长
又寂寥的雨巷，
我希望逢着
一个丁香一样的
结着愁怨的姑娘。

《雨巷》所塑造的具体形象并不复杂，诗的第一节所表现的形象基本就是全诗的全部形象了。一个撑着油纸伞的“我”，在一条狭长的雨巷中，希望逢着一个丁香一样的结着愁怨的姑娘。结果，姑娘一飘而过，留下了“太息般的眼光，丁香般的惆怅”。诗打动人心的是那种诗人情感表现出来的艺术和弦。

全诗的语言多用仄声，押的韵是“长”“巷”“娘”等仄声；其他也多是“彷徨”“寂寥”“冷漠”这些色彩凄清、声音轻清的文字。语言的黏合大多是两字合一词。如第一节，大致是两个字一个音节，每个音节的重读，配之以虚词的轻读，便形成了仿佛叹息一般的音调，表现出一种茫然、追求无着的情绪。诗在不少地方进行重复表现，不但在首尾复现，使全诗形成一种孤寂、茫然的回旋，而且在个别地方也重复。比如：

她默默地走近，
走近，又投出
太息一般的眼光；
她飘过，像梦一般的
像梦一般的凄清迷茫。

这种重复更迭是情绪的强化。这种强化在每一节中的作用都不一样，比如前面摘的第四节是加强追求无着的惆怅，而诗的第二节的重复是加强追求的希望感。虽然全诗基调都是茫然、寂寥，但在每一节中都发生了变调，这首诗的旋律之美充满了变化和发展。这首诗的音乐性仿佛能听到连续的雨声，这种感受还是因为诗人在大革命失败后所流露出来的对希望的寻觅失败后的茫然与寂寥、苦闷的情绪。这种感情，通过富有象征意义的“我”寻找一个“结着丁香一样愁怨的姑娘”的形象表现出来，同时通过全诗的声响像音乐一般的变化表现出来。

现在谈谈小说的结构形式美，以长篇小说为例。

首先，对比与和谐。

色彩的对比。如刘鹗《老残游记》写千佛山、大明湖的一段文字：

只见对面千佛山上，梵宇僧楼，与那苍松翠柏，高下相间，红的红火，白的雪白，青的靛青，绿的碧绿，更有那一株半株的丹枫夹在里面，仿佛宋人赵千里的一幅大画，做了一架数十里长的屏风。正在叹赏不绝，忽听一声渔唱。低头看去，谁知那大明湖业已澄净的同镜子一般。那千佛山的倒影映在湖里，显得明明白白。那楼台树木格外光彩，觉得比上头的一个千佛山还要好看，还要清楚。这湖的南岸，上去便是街市，却有一层芦苇，密密遮住。现在正是开花的时候，一片白花映着带水气的斜阳，好似一条粉红的绒毯，做了上下两个山的垫子。

这些红、白、青、绿等色彩鲜明夺目的对比，形成强烈的形式美感；而对比又以轻柔的形式出现，形成和谐，在姚黄魏紫的和谐中显得明丽有加。

此外，还有人物关系上的对比与和谐，例如《芙蓉镇》；人物和环境的对比与和谐，如《儒林外史》中对王冕放牧的描写；鲁迅《祝福》的结尾；老舍《骆驼祥子》的“在烈日暴雨下”等，都加强了小说的艺术魅力。

其次，对称与整齐。

姚雪垠结合《李自成》的创作经验说：“一部长篇小说不能写得零碎，也不能写得头绪纷乱不清。作家好比一个建筑工程师，要设计一座大的城市建筑，他将先确定一条中轴线，然后各种建筑群围绕中轴线星罗密布，疏密得体，而每一个建筑群中又自成一个完整的布局。说长篇小说的主要矛盾线如同大大小小的建筑群中的中轴线，只是一个打比，不要死看。长篇小说的主要矛盾线同小说的大小副线，互相关联、穿插，在结构上比任何城市建筑更富于有机性。”①

例如，茅盾的《子夜》。吴老太爷丧葬，各种人物因之聚拢吴府，一一亮相，展现出各种世相与纠葛。然而接着而来的是各组矛盾、情节的对称。第九章至第十二章吴荪甫和赵伯韬的矛盾日益尖锐；第十三章至第十六章吴荪甫和裕华丝厂工人间的矛盾激化，形成对称。第十七章吴荪甫夜游黄

① 姚雪垠：《〈李自成〉创作余墨》，载《关于长篇历史小说〈李自成〉》，上海文艺出版社，1979，第315—316页。

浦，成为高潮到来前的蓄势。然后，进入吴苏甫破釜沉舟，大决战的高潮。前数章的对称不仅整齐划一，而且在对称中对人物命运的展示，作了深刻的历史说明。

又如《李自成》第三卷中册的“燕辽纪事”，中心结构始终围绕着洪承畴降清，但空间领域，一是“燕”，北京；一是“辽”，沈阳。洪承畴正在清都接收皇太极的恩赐，感激涕零。而同时描述的另一幅艺术图景则是崇祯在北京城为洪承畴建牌坊，立灵堂，声泪并作写祭文。它们既是对称，又是对比，是有关联而又大幅度跳动的表象联结，从一定意义上突破了传统形式的单线链式结构，更具有讲究视觉和谐的立体空间感。

艺术系统是个整体，这是为艺术把握生活的特点所决定的。艺术反映生活，是把对象作为一个独立的整体来进行的。如《水浒传》，一百零八将，身世来历，上梁山的原因、经过，一一细述。然后，他们所受的功名待遇，以至他们最后的命运、结局也逐个交代清楚，无有遗漏。小说一般都必须做到“草蛇灰线，伏脉千里”，前有多少伏笔，后必逐一照应，保证结构的完整与严谨，不可疏漏。

再次多样与统一。

多样，防止单调；丰富而不杂乱，博而能一，是有序列的美学结构。

例如《红楼梦》，前五回在全书中属于序曲、引子，交代了故事的来源，表明了作者的创作思路；虚构了神瑛侍者的绛珠仙子的神话；借助于太虚幻境那神仙世界的描述，用非现实的形式对现实中的人物的命运、结局作了点示。一张“护官符”开拓了艺术表现的一个重点领域。甄士隐避难田庄而不能，是背景的烘托；冷子兴演说荣国府，是概括的介绍。当全书的伏线埋下，宏大的建筑铺好基石，于是千里之外引出一个人来，她，就是贯穿全书的线索人物——刘姥姥。一进荣国府，就借助刘姥姥的独特视角，以直接感觉来加以反映。这样，始终有一个稳定的透视点，使反映者和被反映者之间建立了联系，使之构成了完整的结体，彼此不可分割。刘姥姥是荣国府兴衰的见证人，绝代悲剧的报幕者。在荣国府每一历史发展的关键时刻，都闪动着刘姥姥拙朴、诙谐的身影。直至王熙凤病危托孤，刘姥姥救出巧儿，金针暗度，伏脉千里，把线索的贯穿作用发挥到了极致。

《红楼梦》的形式重心和密度放在贾府内部及其演化的描写上，通过刘姥姥来显示。同时，又把荣国府内外生活领域组织成整体，冷子兴演说荣国府，贾雨村乱判葫芦案等，发挥了内外勾连、贯通、交相网络的作用，形式美的整体性得到加强。

四、语言之美

汉语言文学的音乐美，在前面相关内容已有论及，在此不赘。此外，汉语言文学的语言之美还有诸多方面的表现。

凝练美。唐代诗人杜牧的《阿房宫赋》，开头只用了“六王毕，四海一；蜀山兀，阿房出”，十二个字，就交代了背景，点出秦灭六国、统一中国之后，统治者穷奢极欲、大兴土木，建造阿房宫的工程之浩大，暗示了秦二世灭亡的重要原因。十二个字，包含内容十分丰富。

成语的使用，也是汉文学语言凝练的重要表现之一。成语是人们长期以来习用的固定词组。它的结构形式比较定型，语音上大多由四个音节构成，和谐整齐；意义上具有整体性，语言简洁而内容丰富、寓意深刻。例如，毛主席在《论联合政府》中，用“流水不腐，户枢不蠹”说明批评与自我批评的重要性与必要性；用“知无不言，言无不尽”“言者无罪，闻者足戒”“有则改之，无则加勉”说明实行批评与自我批评应有的态度；以“惩前毖后，治病救人”说明整风运动的宗旨，就是运用成语表达，是语言凝练的典型例子。

成语中有不少来源于寓言故事、历史故事、民间故事、神话故事，因此寓意丰富，内涵深刻。恰当运用，可以收到以少胜多的效果。如叶公好龙、围魏救赵、守株待兔、东施效颦、掩耳盗铃、精卫填海等。

形象美。《诗经》的赋、比、兴艺术手法，其中的“比”，即比喻，“以彼物比此物也”，可以化笼统为具体，化抽象为形象，增强语言的艺术表现力。李煜词“问君能有几多愁，恰似一江春水向东流”，“愁”，是心理现象，“多”，是不可见的，但以“一江春水”作比，就具体可感、生动形象了。又如李清照词“又恐双溪舴艋舟，载不动许多愁”句，把“愁”以舟载不动的有形之物作比，更是别开生面。它们之所以成为千古名句，脍炙人口，正是与其立足于艺术想象的巧妙比喻分不开的。

拟人、拟物也是形象化的文学方式。如郭小川《厦门风姿》:“听鹭江唱歌唱亮了渔火，南海唱歌唱落了繁星”；老舍的《龙须沟》:“咱们老实，才有恶霸；咱们敢动刀，恶霸就得夹着尾巴跑!”

象征，也是形象化的手法。如茅盾《白杨礼赞》，用蓬勃、挺拔、枝条一律向上的高耸的白杨象征北方团结抗战的军民。鲁迅的《秋夜》，用“奇怪而高的天空”象征压迫、敌视人民的势力，用瑟缩发抖的“小红花”象征受摧残的善良弱小者，用铁一般直刺天空的枣树象征与恶霸势力顽强斗争的战士。与比喻不同的是，象征具有总体性。

其他，如摹声、摹色、摹形等摹状手法也是形象化描写的常用手法，不再一一列举。

变化美。园林美讲究移步换形；美学家认为曲线是最美的线条，因为能引起人的视觉的追踪变化才更能激发人的审美兴趣。在文学作品中，如长短句的交互使用可以造成一种参差错落的美：

> 我仿佛记得曾坐小船经过山阴道，两岸边的乌桕，新禾，野花，鸡，狗，丛树和枯树，茅屋，塔，伽蓝，农夫和村妇，村女，晒着的衣裳，和尚，蓑笠，天，云，竹……都倒映在澄碧的小河中，随着每一打桨，各个夹带了闪烁的日光，并水里的萍藻游鱼，一同荡漾。(鲁迅:《好的故事》)

这段文字写得质朴、清新、自然而又摇曳多姿，美不胜收；句式长短交错，在看似漫不经心的参差错落之中，还体现了音韵的和谐，显示了大师不凡的语言艺术功力。

词、曲与格律诗比较，优势就在于句式的长短不一，参差错落，更有一种流动之美。如：

> 汴水流，泗水流，流到瓜洲古渡头。吴山点点愁。思悠悠，恨悠悠，恨

到归时方始休。月明人倚楼。（白居易《长相思》）

词的这种参差错落的句式，使它显得活泼、灵动、自如，更能表现出那种复杂、柔婉的感情。

语言的变化美还体现在句式、句型的变化上。句式按句子的语气划分，有陈述句、疑问句、祈使句和感叹句。按句子的结构方式分，有主动句和被动句、肯定句和否定句、顺装句和倒装句等。句型按结构分，可分为单句和复句；按意义分，可以分为叙述句、描写句、判断句和评议句四类。每种类型，都有特殊的表达功能，适应特定的表达需要。但是，一个意思往往可以运用不同的句式来表达，恰当而又巧妙的变化可以增强语言的表现力，避免单调和沉闷。

语句的骈散结合，也是一种变化美。范仲淹的《岳阳楼记》，骈散结合的方法贯穿全文，读来有美不胜收之感，朗朗上口，易于记诵。

鲁迅也是很擅长此法的：

我们目下的当务之急，是：一要生存，二要温饱，三要发展。苟有阻碍这前进者，无论是古是今，是人是鬼，是《三坟》、《五典》、百宋千元，天球河图，金人玉佛，祖传丸散，秘制膏丹，全部踏倒它。（鲁迅《忽然想到》）

全段有四字句、五字句、八字句、九字句，但以四字句为主，骈散结合，气势逼人而又极富节奏感，读之有酣畅淋漓之感。

复迭错综之美。复迭，复指重复，迭指重叠。重复是全部相同，重叠是形式局部相同，内容并不重复。如：

旧犬喜我归，低徊入衣裾；邻舍喜我归，沽酒携葫芦。大官喜我来，遣骑问所须；城郭喜我来，宾客隘村墟。（杜甫《草堂》）

爷娘闻女来，出郭相扶将；阿姊闻妹来，当户理红妆；小弟闻姊来，磨

刀霍霍向猪羊。(《木兰辞》)

“旧犬”八句、“爷娘”六句是重叠，两个“喜我归”是重复。错综指其中的变化，像“喜我归”和“喜我来”，“归”和“来”是变化。就局部相同而言叫重叠，就其局部不同而言叫错综。词语有复迭，也有错综，如《诗经·芣苢》:“采采芣苢，薄言采之。采采芣苢，薄言有之。采采芣苢，薄言掇之。采采芣苢，薄言捋之。采采芣苢，薄言袺之。采采芣苢，薄言襭之。”这里，如果不重叠说，就不能表达出当时的感情；如果完全重复，就显得缺少变化；所以重迭错综，才能很好地把感情表达出来。《草堂》和《木兰辞》，都是用重叠错综来表达无限喜悦的心情。

有时重复也是有必要的，古代散文也常用这种手法，如《孟子·离娄(下)》:“齐人有一妻一妾而处室者，其良人出，则必餍酒肉而后反，其妻问所与饮食者，则尽富贵也。其妻告其妾曰：‘良人出，则必餍酒肉而后反，问所与饮食者，尽富贵也，而未尝有显者来；吾将瞷良人之所之也。’”清代学者顾炎武评论说：“此必须重叠而情事乃尽。此《孟子》文章之妙。使入《新唐书》，于齐人，则必曰：‘其妻疑而瞷之’。……是故辞主乎达，不主乎简。”(顾炎武《目知录·文章繁简》)妻与妾的话与前面的叙述有重复，前面的叙述是不能省的，省了别人看不明白。妻的话是否可以省呢？省去了虽然还可以看得懂，然而妾不会明白，而且省去之后文章就会显得干瘪、不生动，妻的神情也表达不出来，所以不能省。

这一手法在中国现当代文学作品中也经常使用，如贺敬之的《回延安》，徐志摩的《再别康桥》，余光中的《春天，遂想起》，戴望舒的《雨巷》等。

五、风格之美

不同民族的文学都有自己区别于别的民族文学的特征。伏尔泰说：“从写作的风格来认出一个意大利人、一个法国人、一个英国人或一个西班牙人，就像从他面孔的轮廓、他的发音和他的行为举止来认出他的国籍一样容易。意大利语的柔和与甜蜜在不知不觉中渗入到意大利作家的资质中去。在我看来，辞藻的华丽、隐喻的运用、风格的庄严，通常标志着西班牙作家的特点。对于英国人来说，他们更加讲究作品的力量、活力和雄浑，他们爱讽喻和明喻甚于一切。法国人则具有明彻、严密和幽雅的风格。”①

汉语言文学的风格之美首先与汉民族语言自身的特点有关。如前所述，汉字是音节文字，一个汉字代表一个音节；每个音节又由声、韵、调三种因素组成，而调又分四声。此外，汉语语音由元音、辅音构成，元音在普通话中又占有优势，多乐音，再加之汉语词汇、语法等特点，就造成了汉语音乐感强、旋律优美、易于抒发各种复杂感情的功能。例如，汉语一字一音，双音节词占多数，单音节词也有相当数量，容易组合成对偶句；在具体运用中，大量使用四字格，可以使句式匀称，节奏明快，和谐动听。汉语中大量使用的谚语、成语、歇后语及一些表现汉族人民实际生活所特有的词语，都是与汉族人民的生活密切相关的，有的就是从汉族人民生活中提炼和创造出来的。所有这一切，都在汉语言文学风格中打下深深的印记。

汉语言文学的风格之美与中华民族自古以来高度重视文学的文化传统有关。曹丕说：“盖文章，经国之大业，不朽之盛事。”（曹丕：《典论·论文》）曹操、曹丕、曹植父子三人，均能诗善文，为建安文学的领袖。隋唐以降，科举兴，开创了以诗文取士的制度，延续千年。历代皇帝喜爱诗文且能诗文者众，唐太宗李世民现存诗仍有六十九篇，《全唐诗》把他的《帝京篇十首并序》置于卷首。清乾隆帝所写诗歌之数量更是惊人。南唐后主李煜，更以词名世。历代诗论、文论均大力提倡革故鼎新，推崇风格的多样化，为风格的繁荣提供了理论和舆论的支撑作用。刘勰《文心雕龙》，讨论的文体约三十五种，《体性》篇则专论作家的个性与作品的风格。钟嵘的《诗品》，共品评一百二十二位五言诗作家，对每位作家均探讨其渊源，标举其特色，指陈其短长。唐代司空图《二十四诗品》，专论诗歌的特点与风格，主张创作应“不主一格”，他既欣赏雄浑、豪放，又赞赏绮丽、纤秾，对典雅、冲淡、飘逸更是推崇备至。随着时代的推进和作家们创造性的努力，汉民族文学的风格园

① 伏尔泰：《论史诗》，《西方文论选》上卷，上海文艺出版社，1962，第323页。

地百花怒放，彩丽竞繁，争奇斗艳。

以下略举几例：

建安文学是汉文学史的一个重要阶段。人们把这一文学时代的风格称为建安风格，又称“汉魏风骨”。建安文人面对的是军阀长期混战，世积乱离，风衰俗怨的时世。他们从不同的侧面，描述了当时动荡不安的社会现实，展示了一幅幅凄惨、萧瑟的生活画面：

白骨露于野，千里无鸡鸣。
生民百遗一，念之断人肠。
（曹操：《蒿里行》）

中野何萧条，千里无人烟。
念我平生亲，气结不能言。
（曹植：《送应氏》）

出门无所见，白骨蔽平原。
路有饥妇人，抱子弃草间。
（王粲《七哀诗》）

君独不见长城下，
死人骸骨相撑拄？
（陈琳：《饮马长城窟行》）

欲死不能得，欲生无一可。
彼苍者何辜，乃遭此厄祸。
（蔡琰：《悲愤诗》）

建安时代的这些诗人的作品几乎可以说是政治抒情诗，有着比较一致的题材内容和主题思想。强烈的现实主义精神，成为这些诗篇的思想基调。同时在这些诗歌中又都有着诗人们比较一致的悲慨情绪，寄托着他们忧时叹世、念国忧民的思想感情。他们既敢于正视现实，又富有“拯世济物”的远大抱负，体现在作品中的特色就是情志深远，辞气充沛，在精神气质上充满慷慨的格调。刘勰评价说：“慷慨以任气，磊落以使才；造怀指事，不求纤密之巧，驱辞逐貌，唯取昭晰之能：此其所同也。”（刘勰：《文心雕龙·明诗》）近人黄侃《诗品义疏》也说：“其称景物则不尚雕镂，叙胸情则唯求诚恳”，尽情地抒发内心的感受，在描写景物时不事雕琢，而是粗线条勾勒，传送出雄伟的精神。曹操的《蒿里行》《短歌行》《步出夏门行》等，堪为其杰出代表。其中，“对酒当歌，人生几何？譬如朝露，去日苦多”“山不厌高，海不厌深。周公吐哺，天下归心”“老骥伏枥，志在千里；烈士暮年，壮心不已”等都是传诵千古的名句。其诗境界阔大，气势雄伟，风格苍凉悲壮，沈德潜赞其诗有“吞吐宇宙气象”。

陶渊明是我国田园诗的开创者。他的诗的风格可以概括为“平淡”。葛立方在《韵语阳秋（卷一）》中说陶诗“平淡有思致”“大抵欲造平淡，当自组丽中来，落其华芬，然后可造平淡之境”。梅圣俞《赠杜挺之》诗，有“作诗无古今，欲造平淡难”。平淡不同于平庸和淡而无味，而是深厚的感情和丰富的思想用朴素的语言说出，富有情味的，所以说“平淡有思致”。三国人程普说：“与周公瑾交，若饮醇醪，不觉自醉。”醇醪是一种醇厚的酒，上口没有刺激性，好像平淡，容易多饮，所以不觉自醉。平淡恰是如此，表面平淡，然而含蕴深厚。平淡的语言力求朴素，不做作，不雕饰，不尚辞藻，也要力求精练。正如王安石所说的，“看似寻常最奇崛，成如容易却艰辛”，内容精辟，深入浅出，明白易懂。《归园田居》五首，《饮酒》二十首，均为其代表作。

诗人以“羁鸟”“池鱼”表达对官场生活的厌弃，用“恋旧林”“思故渊”表达对归向园田的热切向往。“暧暧远人村，依依墟里烟。狗吠深巷中，鸡鸣桑树颠”，是各具情态的风景画，是极富自然情趣的山居图，充溢着山村农家的生活气息，苏轼称赞“如大匠运斤，无斧凿痕”。没有真情实感，没有深厚的艺术功力，这种“平淡”是写不出来的。

生活在盛唐时期的李白，是我国伟大的浪漫主义诗人，他的诗歌风格豪迈奔放，兼有清新飘逸之姿。他壮志凌云：“大鹏一日同风起，扶摇直上九万里”（《上李邕》）；他壮志报国，但并非为名利计：“待吾尽节报明主，然后相携归白云”；遭遇打击、排挤时，仍坚持初心，傲岸不屈：“行路难！行路难！多歧路，今安在？长风破浪会有时，直挂云帆济沧海”（《行路难》）；他讴歌征战沙场、立功报国的将士：“发愤去函谷，从军向临洮。叱咤经百战，匈奴尽奔逃”（《白马篇》）；他铮铮铁骨，誓不向权贵低头：“安能摧眉折腰事权贵，使我不得开心颜”（《梦游天姥吟留别》）；他文武全才，豪情四溢：“剑非万人敌，文窃四海声”；他在《赠孟浩然》一诗中，赞美其潇洒的风韵，闲逸的神姿，对功名富贵不屑一顾的傲气而引为同调，弥漫着飘逸之气。在《月下独酌》中，诗人舞姿翩跹，醉意朦胧，飘飘欲仙，与月相邀，在缥缈的天空再见，其飘逸之态，宛然在目。

李白诗歌的豪放风格，体现为情感激荡，格调昂扬；纵横驰骋，飞扬跋扈；起落开合，神出鬼没；泼墨如雨，痛快淋漓。“噫吁嚱，危乎高哉！蜀道之难难于上青天！”（《蜀道难》）落笔就叹词连用，似天风海雨逼人。气势不凡，令人有昂首天外之感。诗人的一声惊呼，就紧紧攫住你的心弦。接着，就把你这根心弦随手抛入天际，忽听铿然一声，便飘落在高耸入云、崎岖险峻的巴山之巅。难怪贺知章一读此诗，便称李白为谪仙人了。想象奇特，夸张出格，是其豪放风格的突出特征。“君不见黄河之水天上来，奔流到海不复回”（《将进酒》），“白发三千丈，缘愁似个长”（《秋浦歌》），“燕山雪花大如席”（《北风行》），“天台四万八千丈，对此欲倒东南倾”（《梦游天姥吟留别》）。

李白的报国之志、忧民之情，与他的一副傲骨以及落拓不羁的个性和卓越的天才融为一体，铸就了他豪放飘逸的风格特色。

杜甫与李白同为唐诗的两座高峰，由于他生活在唐由盛转衰的时代，诗的风格以顿挫沉郁而迥异于李白。

所谓沉郁，就是指情感的深厚、浓郁、忧愤、蕴藉；而沉则不浮，郁而不薄。所谓顿挫，是指语意的停顿转折，又仿佛是音乐上的休止符，表面上休止了，骨子里没有休止，而是韵味的延续与深化，使情绪回旋纡折，缱绻自如。

杜甫风格沉郁，表现为忠厚、诚实，无半点虚伪与矫饰，如“此生那老蜀？不死会归秦！公若登台辅，临危莫爱身”（《奉送严公入朝十韵》，希望老友严武在国难当头时能为国捐躯，可想见其为人；表现为扎根于生活的最底层，具有浓郁的泥土味，有《羌村三首》《三吏三别》《茅屋为秋风所破歌》等为证；表现为与忧愤结下不解之缘，悲愤慷慨，郁结于中：“不眠忧战伐，无力正乾坤”（《宿江边阁》），“穷年忧黎元，叹息肠内热”（《赴奉先咏怀》），这一类忧时伤世之作比重很大；表现为笔酣墨饱，淋漓痛快，如“故国悲寒望，群云惨岁阴。……郁郁冬炎瘴，濛濛雨带淫”（《风疾舟中伏枕抒怀》）；表现为气力并用、变幻闳深，如千峰罗列，万汇汪洋。青年开篇之作《望岳》被世家赞曰“雄极冠裳”，胡应麟评杜甫“吴楚东南坼，乾坤日夜浮”，气象超过孟浩然“气蒸云梦泽，波撼岳阳城”，杜诗“星垂平野阔，月涌大江流”，在骨力上超过李白“山随平野阔，江入大荒流”。

杜甫把沉郁与顿挫结合起来，读其诗情感千回百折，节奏疾徐相间，音调抑扬起伏，旋律跌宕有致，真是后代诗人不可企及的典范。

婉约，也是风格的类型之一。唐五代以温庭筠为鼻祖的“花间派”开其端，宋初欧阳修、晏殊、柳永等表现手法有所改进和发展；柳永之后，婉约风格的代表作家有秦观、李清照等，李清照被誉为“婉约词宗”。柳永的《雨霖铃》、秦观的《踏莎行》、李清照的《声声慢》等都是婉约风格的代表作。

婉约与豪放相对立，豪放者气势恢宏，婉约者情感蕴藉。婉约作品题材面较窄，多写儿女之情、离别之思，多用含蓄、蕴藉的手法，曲折地表达细腻的感情；风格婉约绮丽，缠绵轻柔，严格遵守格律。俞文豹的《吹剑录》说，苏轼有一天问歌者：“我词比耆卿（柳永）如何?”对方回答说：“柳郎中词只合十七八女子执红牙板歌‘杨柳岸晓风残月’，学士词须关西大汉，铜琵琶，铁绰板，唱‘大江东去’。”这番话准确而形象地概括了豪放与婉约不同的风格特征。婉约与豪放在艺术上无高下之分，各擅其长，豪放者亦能婉约，婉约者亦能豪放。如“横绝六合，扫空万古”的豪放词人辛弃疾，“其纤秾绵密者，亦不在小晏、秦郎之下”（刘克庄《辛稼轩集序》）；而李清照虽为婉约词宗，但亦有“生当作人杰，死亦为鬼雄。至今思项羽，不肯过江东”的黄钟大吕之音。

中国现当代文学继承了古代文学风格的优良传统，又在新的时代条件下进一步创新和发展，形成百花争妍的繁荣局面。如鲁迅的外冷内热，郭沫若的飞驰奔放，赵树理的朴实浅近，姚雪垠的悲壮沉雄，杨朔的精致委婉，刘白羽的豪迈激越，不一而足。限于篇幅，难于一一阐述。

第三节 汉语言及汉语言文学之美与播音主持语言之关系

播音员主持人应从汉语言文学中充分吸取营养，在音声化的创作中达到审美化。播音员主持人使用自己的母语进行音声传播，应该为其历史的悠久、丰富的艺术表现力及其灿烂辉煌的文学结晶而感到骄傲和自豪，以增强语言自信、文化自信和民族自信，更加热爱我们的国家和人民。我们不仅要热爱我们民族的语言及文学作品，还应该面对祖先的创造心存敬畏之感，自觉地担当起维护我们祖国语言的纯洁和健康的历史使命。在语言问题上，既不能妄自尊大，更不要妄自菲薄，要克服那种看不起自己民族的语言的崇洋媚外的文化心理倾向。如果缺乏这种民族自信、文化自信、语言自信，对自己民族的语言缺乏正确的态度，要做好工作就无从谈起。

一、要充分了解汉字的特点，扩大识字量，对不熟悉或没有把握的字、词要做到随时查阅字典、词典，弄清楚字音、字义，要避免“见字读半边”和望文生义的错误，要有一丝不苟的态度

播音员主持人的语言具有传播性、示范性，错误会产生误导，动摇在受众心目中的信任度。在央视节目《朗读者》中，因朗读者和主持人把老舍的“舍”字读作第四声，一时间网民质疑、争论之声四起，以致老舍的子女也在网上发声了，可见影响之大。其实，老舍的“舍”字读音，不仅涉及文字学，而且涉及姓名学了。一句话，马虎不得，懒惰不得，必须高度敬业。

二、要扩大词汇量，重视词语的积累

词语，包括成语等，是语言的建筑材料；“巧妇难为无米之炊”，词语的积累越多，选择的空间就越大，越能丰富语言的表现力。词语贫乏，必然导致语言的单调和枯燥乏味。毛主席 1942 年在《反对党八股》的演讲中，把“语言无味，像个瘪三”列为“党八股的第四条罪状”，他说：“上海人叫小瘪三的那批角色，也很像我们的党八股，干瘪得很，样子十分难看。如果一篇文章，一个演说，颠来倒去，总是那几个名词，一套‘学生腔’，没有一点生动活泼的语言，这岂不是语言无味，面目可憎，像个瘪三吗？”[①] 所以，一定要重视积累词汇这项基本功；同样，要弄清词义并了解其语法功能。

三、大量阅读文学作品，有利于我们学习丰富多彩的修辞方法

一般说来，识字、识词并不是孤立进行的，而是寓于阅读之中，阅读古今大量优秀的文学作品是最主要也是最重要的途径。孔子说过“辞达而已矣”的话，强调达意为唯一标准；但他又说“言之无文，行而不远”。“文”，即文采，强调修辞，有文采、有感染力的语言才能更广泛、更久远地传播。其实，这就是最早的传播学理论。刘勰也持相同的观点：“夫水性虚而沦漪结，木体实而花萼振：文附质也。虎豹无文，则鞹同犬羊；犀兕有皮，而色资丹漆：质待文也。”[②] 他的意思是说，质是本，很重要，但质地还需要文采。

张颂在《节目主持艺术》中，曾两次以播音员主持人宋世雄的体育比赛现场解说为例：

1. 主持人宋世雄的现场播音，不但内容准确丰满，而且富有文采，如“梁艳在三号位扣了一个漂亮的快球，她笑了，笑得那么甜，好像是在自言自语：就这么打。在比赛场上，梁艳打了好球笑，拦网成功了笑，接对方扣球摔救滚翻以后也笑……”，运动员梁艳活泼可爱，浑身充满青春活力的性格展现在听众面前了。

2. 宋世雄在平日积累了大量的语言、文字、艺术方面的资料，阅读分析

① 毛泽东：《毛泽东选集》第三卷，人民出版社，1991，第 837 页。
② 刘勰：《文心雕龙·情采第三十一》，中华书局，1980，载周振甫著《文心雕龙选译》，中华书局，1980，第 167 页。

了多部文学作品。他读了李清照的词《声声慢》:“寻寻觅觅，冷冷清清，凄凄惨惨戚戚……”一连串的叠字和双声字，给人以潇洒急促的感觉，后来他用在了解说中。“李玲蔚在比赛场上前前后后，左左右右，长长短短……”，显示了解说的生动性、丰富性。

在第1例中，宋世雄绘形绘声地描写了梁艳赛场上的动作、神态、表情，使用了重叠、顶针、排比等修辞格。在例2里面，正如张颂所说，直接运用了李清照《声声慢》里的修辞方式，得到了张颂的肯定。[①]

又如赵忠祥和杨澜在《正大综艺》中的两段串场词:

杨：春天是所有生命的节日，是岁岁年年又一次蓬蓬勃勃的开始。她是孩子的，也是老人的，她是拂在脸上的风，更是唱自心中的喝彩。

赵：春天在小溪的流水中，跳起了轻盈的舞步。她跃上了杨柳梢头，在湖畔河岸，摇曳生姿。她掀起了万里田园绿油油的滚滚麦浪，她在群芳斗艳的花蕾上绽开了甜美的笑容。

你看，多么富有诗情画意，多么富有文采。从修辞角度看，有排比、比喻、拟人，音节和谐，长短句结合，参差错落，给人以美感享受。读到这些文字，我不禁想到了朱自清的名篇《春》《绿》中那些让人耳熟能详的段落，何其相似乃尔！但赵、杨二人也有自己的创造，并非简单的套用，至于继承与借鉴大概是可以肯定的。

香港凤凰卫视有一档节目是杨澜采访建筑大师贝聿铭的。在节目一开始，杨澜这样开场:

贝聿铭的建筑设计被人称为“充满激情的几何结构”。他已经八十高龄，还担当设计中国银行在北京的总部大厦。在我看来，这位老人身上有一种非常神秘的力量。很多看起来是完全对立的东西，在他身上却能够和谐地统一

① 张颂:《中国播音学》，北京广播学院出版社，1994，第464页、第476页。

起来。比如说他是一位典型的中国人，但他又是一位非常成功的美国人；他在同行中是一位广受推崇的大师，但是在政界、商界和社交圈里人缘极佳；他设计的五十多件建筑作品散布在世界各地，在它们刚刚建成的时候，往往招来非议，但是不久又能够成为当地人的骄傲，或者成为那个城市的一个标志，他身上有一种与生俱来的贵族气质，却让每一个跟他谈话的人感到平等和自在。你说这样的人，难道不值得去跟他聊一聊吗？

杨澜把日常会话语体审美化了，在“比如说”之后，运用了排比兼对比的手法，层层深入，层层递进，全方位、多角度地向观众展示了建筑大师贝聿铭的风采，文学意味浓厚，说服力和感染力都很强，证明“这位老人身上有一种非常神秘的力量”，因此让观众产生强烈的期待心理——“跟他聊一聊”。①

四、阅读文学作品，有利于培养和增强逻辑思维、形象思维和辩证思维的能力

在阅读过程中，可以通过对作者写什么、怎样写、为什么写的感悟里，把握作品的层次结构、组织脉络、表达主旨、感情变化轨迹、人物关系、语言风格、写作技巧等；在由此及彼、由表及里、由浅入深的阅读活动中，提高对作品的感受力、判断力、理解力，而这些，对于播音，对于处理文稿，“形之于声”都是必不可缺的。张颂说：“不论那语言内容的词语序列是在文字稿件上还是在腹稿中，都必须外化为声音形式，即‘形之于声’。‘简单地念字出声’的认识阶段早已过去，现在，词语系列一旦要‘形之于声’，就必须深入考虑层次、主题、背景、目的、重点、基调，就必须加强逻辑感受、形象感受、具体感受、整体感受，就必须获得情景再现、内在语、对象感，从而使思想感情处于运动状态，在‘有感而发’‘有动于衷’‘有的放矢’的创作状态中，运用停连、重音、语气、节奏等表达技巧，沿着正确的创作道路，提高‘以事省人’‘以理服人’‘以情感人’的积极性、创造性。这是一个极为复杂的创作过程，哪一个环节、哪一个局部出现了偏差，都会造成全局性、整体性的失

① 王丹：《电视节目主持人语言研究》，暨南大学出版社，2015，第129—130页。

利。这也就是我们一再强调播音学是一门实践性很强的学科，创作主体的素质与修养至关重要的原因。”① 优秀的、丰富的文学作品为我们提供了大量的生动的语言资料，读得多了，其中的养料就会内化到自己的精神世界和知识结构之中去，并转化为能力，包括创造能力。鲁迅、郭沫若、沈从文、老舍都没有进过大学中文系学过什么创作理论，有的甚至没进过大学校门，可都成了文学大师，一个重要原因就是，他们无一不是大量阅读了古今文学作品的。阅读，其实就是语言实践活动的重要组成部分；把阅读中吸收的东西加以运用，是语言实践活动的继续。鲁迅就曾经回答过一些向他请教“文章怎样写才会好”的问题，说“一要多读，二要多写。此外并无别的办法”。鲁迅的意见，也完全适应于播音创作。不阅读，连语感能力都谈不上，何论其他呢？

阅读，要选择，要有计划；有的可以泛览，有的则应精读，有的可以大声朗读，有的最好能够背诵。可以摘抄、写心得、记笔记、做卡片。朗读、朗诵，就是学习播音主持最重要的业务基础。读什么？文学作品就是选择的主要对象。

播音主持需要精益求精，这是理想的召唤、历史的共识。精益求精，首先要坚持本土传统文化的血脉，这是民族之魂、传播之根。精益求精，必须坚持广采博取，兼容并蓄。把什么内容告诉别人，首先遇到的就是话语依据：一是从小习得的，对于世界的认识程度；二是从识字开始获得的、对文字语言的理解程度。这两种依据的内涵尽管包括多个方面，但都与文学修养、文学基础有着密切的联系。

在广播电视语言传播中，应该把播音主持艺术语言提高到“有声语言表达的典范”这一高度来认识并落实到实践上。因其具有典范意义而产生师从和表率的社会价值，使受众省时、省力地从语音、语汇、语法、修辞以及准确、鲜明、生动的表达实例中获取榜样的力量，并日积月累、潜移默化地加强语言功力，加强语言造诣，这对于提高全民族的语言素质必将产生深远的影响。

---

① 张颂：《播音主持艺术论》，中国传媒大学出版社，2008，第 195 页。

第六章　播音主持的基础

——朗读与朗读之美

第一节　朗读与朗诵

朗读与朗诵是我们经常使用的两个概念。作为合成词，它们都含有一个“朗”字。朗，是声音清晰、响亮的意思，说明无论是朗读还是朗诵，声音的要求都必须是清晰、响亮，这一点看来是没有疑义的。但两者有没有区别呢？有区别，又在哪儿？

查天津市古籍书店影印的《说文解字大字典》释：诵，读也。是把诵与读相等同的。

《现代汉语词典》：朗读，清晰、响亮地把文章念出来；朗诵，大声诵读诗或散文，把作品的感情表达出来。这样的解释似乎明确了二者的区别，但仍不免让人心里疑惑，难道念字出声就是朗读吗？难道朗读就不必“把作品的感情表达出来”吗？

张颂在《朗读学》一书中说：“所谓朗读，是指把诉诸视觉的文字语言转化为诉诸听觉的有声语言的活动。朗，就是说声音的清澈、响亮；读，就是读书、念文章。朗读，也可以叫诵读；读书，就是诵书的意思。”[①]但他同时又说：“朗读者将文字作品的蕴藏开掘出来，表现于朗读过程中，并把具体思想感情融入音声化词语，使文字作品的内涵、朗读者自己的融通，一齐洗练，不但产生音声化的朗读作品，而且铸造成情动于衷与声形于外的规律。”[②]这样

① 张颂：《朗读学》，北京广播学院出版社，1999，第21页。
② 同上。

看来，他的第一段话与《现代汉语词典》关于“朗读”的解释是一致的，而第二段话对“朗读”的解释又与《现代汉语词典》对“朗诵”的解释基本相同了。

但我认为，仍有对二者的关系有进一步加以厘定的必要。因为，关系的明确，可以避免概念使用的混乱。比如，“春节朗诵会”是否可以改称“春节朗读会”呢？从社会通识的角度看，显然不妥。

我在综合各种资料并联系两个概念在语言实践的实际情况后认为：

朗读、朗诵，从狭义上说，前者的要求宽一些，即只要清晰、响亮、顺畅，基本上能够传情达意就可以了，朗读是不能脱稿的。后者则进一步从艺术创作的高度提出要求，要有副语言的配合，要有音韵之美、意境之美，要声情并茂、形神兼备，因而较一般意义上的朗读要求为高。有人对朗诵提出表演性的要求，我原则上认可。为了达到这一效果，做到脱稿显然更为理想，更有利于进入艺术创作的状态。

从广义的角度看，朗读包括朗诵，朗诵是朗读的高级形态。正如“人”这个概念，是包括各个不同年龄段的人的。

我们在使用这两个概念时，既依据其表现形态，又要从具体语境出发，有时广义，有时狭义。

有人会提出，中央电视台主办的《朗读者》节目，如何解释。我以为，《朗读者》的节目宗旨、重心在“者”上面，“朗读”提供的只是一个“平台”的作用。朗读者选取的对象并非指向那些长于朗诵的“大家”“高手”，重点在于“朗读者”的背后有没有“故事”，有什么样的“故事”。仅从朗读水平看，《朗读者》节目里，只有少数可以视为朗诵，有不少视为朗读也属一般，但这与节目着意于传播人文精神的目的关涉不大，所以《朗读者》的朗读是广义的。这一点，聪明的观众一看便知。

由此看来，张颂《朗读学》的“朗读”应是在广义上使用的。

在张颂的《朗读学》问世八年之后，他的另一本专著《朗读美学》出版。在该书第十一章“对象交流”里，专设了“朗读与朗诵”一节，明确指出对二者“需要加以辨别”“的确有诸多相同之处”“又确有相异之处”，然后从七个方面重点阐述了“相异之处”。

笔者第一次从学术著作中看到关于朗读与朗诵的概念的如此具体、鲜明、全面的界定，感到十分欣喜。显然是从狭义的角度理解这两个概念的。然而专著的名称是《朗读美学》，从其纲目的“意境美特质”“韵律美特质”等论述内容看，所指又是朗诵，看来，先生在书名上，又使用了广义概念。我前面对于朗诵与朗读二者的联系与区别的看法，与张颂的阐述基本一致，要做具体了解，请阅读张颂的原著，从中可以给我们带来很多启发。张颂对播音主持理论系统的建构具有开拓性与创造性，贡献是巨大的，这是有目共睹的事实。笔者写作本书，也有怀念先生、纪念先生的含义在里面。

要告诉读者的是，我在本章的论述中，使用的是朗读与朗诵的广义概念。也就是说，朗诵也属于朗读。

第二节 朗读的功能

近些年来，以传承中华民族文化为旨归的各种朗读活动方兴未艾，情形十分喜人。说明朗读在城市、乡村、学校、军营、企业、机关、街道等有着广泛的群众基础，无论年龄，无论男女，无论文化程度高低，都有着很高的参与热情。电台、电视台的新闻播报、文学作品展播及组织的各种朗读活动为群众提供了示范，很受大众欢迎。比如一年一度的《感动中国》对当选人物的颁奖词，不仅语言精粹优美，经过主持人的朗读更彰显出沁人心脾和震撼心灵的魅力。朗读，已经成为人们精神生活不可或缺的一部分。

那么，朗读有哪些主要功能呢?

一是加强记忆的功能。

朗读是常常与背诵联系在一起的。在学校的语文课堂上，老师有背诵的要求。在学校以外，碰到自己特别喜欢的文学作品，内心有背诵的冲动与欲求，这是自发的，主动的。遇到朗读活动，脱稿更能显现风采，必须熟练地背诵。背诵是需要反复多遍的，由于视觉、听觉以及思维活动、情感活动的介入，使记忆更加深刻、更加久远。尤其是少儿时代背诵下来的东西有许多竟可以终生不忘。所以，人们特别注重朗读的童子功。许多著名的老艺术家，包括科学家，背诵古典诗文，常常随时随地脱口而出，令人羡慕，就是佐证。实际上，很多人也有这种体验。

二是优化传播的功能。

朗读不仅可以自我欣赏，自我陶醉，如唱歌的自娱自乐那样，更多的是面对听众。朗读的能力强，吐字清晰、发音准确、语流顺畅，表达到位，声音优美，听者就乐听，就会集中注意力，接受就没有障碍，从而收到好的传播效果。比如单位学习时的读报、读文件，经验交流、学术交流时的读发言稿等，如果普通话水平低，不时冒出方言方音来，结结巴巴，读破句子，语气、语速单一等，听者的反应一定很差，传播效果就无从谈起。

三是增强感受力、理解力、想象力的功能。

朗读能培养人的语感能力，即对词语色彩、内涵、功能等的敏感性。有了这种敏感性，就能迅速判断哪里对，哪里错，哪里该用何种语气等。作品中的情绪、情感、画面、意境、趣味、思想内涵需要深入细致地感受才能把握；感受越具体、越深入，理解也就越全面、越准确、越透彻。这就锻炼了感受力与理解力。朗读的作品，大多是有着生动的形象画面的，言约而义丰的。它能激发、调动朗读者的联想与想象，从而“精骛八极，心游万仞”，提高艺术想象力。想象能力的提高，有助于人的创造能力的开发。

四是有利于优秀民族传统文化的传承。

优秀的文学作品，是中国优秀民族文化的重要载体。文字传承和有声语言的传承都是传承的重要方式与渠道。“听君一席话，胜读十年书”，说的就是口耳相传的特殊作用。同样的内容，阅读文字与当面聆听是有区别的。朗读，朗读者和接受者双方都有着明确、具体的对象感，出色的朗读在两者之间架起了一座交流沟通的桥梁，从而形成特殊的心理共鸣效应。

既然朗读通常都是选择古今中外最优秀的文学作品作为朗读材料，那么朗读就可以借由自身的特殊方式，把人类传统文化，尤其是中华民族的优秀传统文化以时间性和空间性的方式加以传播和继承。屈原的《天问》以及《离骚》中的“路漫漫其修远兮，吾将上下而求索”是我中华儿女探索与追求真理的写照；鲁迅《秋夜》里“枣树”的形象是中华民族斗争不屈的形象化身；“天行健，君子以自强不息”，体现的是我们民族奋斗向前的民族性格。优秀的民族传统文化，是我们民族的灵魂与血液的重要组成部分，朗读有益于这种文化的传承。当我们行走在校园外的林荫小道上，听到教室里传出的琅琅读书声，心中会涌起一阵暖流。

五是有益于培养审美情操，提升审美品位，强化审美欣赏能力。

朗读是在文本基础上的审美再创造，如前所述，朗读者必须首先“入其内”，“入其内”就是一个审美浸润与陶冶的过程。但他不同于一般的阅读，还要“出其外”，即在朗读时融入自己的感受、理解、体味，采取个性化的表达方式，形成基于原作又有所突破的新的艺术结构。由于文本多属艺术精华，历经时代岁月的淘洗，所以在直抵作品精神内核的同时必然在审美理想、审美情趣、品格情操等诸方面接受影响，并在“出”与“入”的反复过程中，增强其审美鉴赏能力。这样的审美效应也会对听者产生积极的作用。朗读具有鲜活生动、老少咸宜的特点，而且容易形成大范围的影响力和示范效应。一个从小热爱朗读的人，始终会怀有阅读经典文本的渴望。帮助人们养成朗读的习惯，如同帮他们存了一笔巨额财富，让他们一辈子都受用不尽。朗读习惯的养成，可以使一个人拥有情趣和情调，使一个民族更加雅致和文明。[①]

六是有益于朗读者改善自己的语音面貌，提升自己的语言表达能力。

普通话是我国的通用语言，使用汉语普通话朗读势出必然。因为要使自己的朗读为别人畅通无阻的接受并受到肯定，怎么能放弃普通话的种种优势呢？为了使自己的普通话标准、有美感，就一定要在正音正字、吐字归音等方面下些功夫，克服原有方音的干扰。久而久之，养成习惯，语音面貌很自然地得到优化，普通话水平得到有效提高，那是水到渠成、瓜熟蒂落的事情。当年周总理为什么决定从北京市高中生里面选拔播音员呢？我以为其中

① 鲁景超：《随风潜入夜，润物细无声——朗读与情操的陶冶》，《新华文摘》2010年第7期，第155页。

重要的一个原因是，学校是推行普通话最为常态化的地方，基础好，空间大，而且这个年龄段的人的声音面貌既有稳定性，又有可塑性。年龄偏大，改变就比较困难。可见，学习普通话要从小抓起噢！

我们日常的生活语言，是由内语言转化而成口语的。口语由于个人习惯及语言环境的影响等原因，既有优点，也有缺陷，常夹带着一些“杂质”，修辞也不会过于讲究，表达往往比较单一。但是，朗读的语材——典范的文学作品就不一样了。那里是语言的精华荟萃之地，词汇丰富，语言精美，修辞高妙，风格多样，彩丽竞繁，摇曳多姿，魅力迷人，美不胜收。朗读者会通过朗读了解它们，熟悉它们，掌握它们，进而消化、融通、吸收。朗读由于受视听二觉的双重刺激，以及对象感的心理作用，使其吸收内化过程超出了一般性阅读造成的情形，从而潜移默化地丰富了自己的口语表达，提升了自己在社会交际中的口语表达能力，甚至达到出口成章、口吐莲花的境界。

通过朗读活动的训练，提高自己的普通话水平和运用语言的能力，为纯洁祖国的语言做出贡献，真是善莫大焉！这一点，世界上很多国家都非常重视。付程教授曾经介绍过一些过去没有公开发表过的外国有关语言修养的材料，可供我们参考：

在日本，有规模很大的未婚妻大学，在这里，姑娘们用几年的时间来了解完美地掌握祖国标准语言的技能。在美国，标准语的学习仍然像我们20世纪20年代那样，即掌握论辩、信函往来和口语的技巧，并且这种学习不是匆忙的，而是系统的、持续不断的和讲究方法的。而在法国，有一个维护祖国语言的纯洁性的专门委员会，它时刻警惕着，并周期性地向人们敲起纯洁祖国语言的警钟。如果在奥地利你相当一个大工业企业的经理，你得首先通过一次代表委员会的几个小时的考试。委员们要听你怎样演讲，怎样与座谈者交谈，看你运用语言的能力如何，看你标准语的修养程度如何，看你即兴发言的语言技巧如何，是否在各方面都很得体。如果你不能通过这个筛选，那么企业家的活动就与你无缘了。他们认为，没有口才，生意就不能取得成功。[①]

第三节 朗读与文本的关系

朗读与文本有着密切的关系。因为，文本是朗读的材料，是朗读的依据；同时，朗读又是对文字作品的改造，渗透着朗读者的主观因素。

首先，从文本的选择来看。一般说来，应该选择经典，或者是已有定评，为人们所公认的优秀作品。因为这样的作品思想健康、丰富、深刻，凝结着作者的感情与智慧，同时又是语言艺术的范例。正如人们这样评价剧本的重要性一样："剧本，剧本，一剧之本"。即使演员表演功底再好，剧本不好，表演也难免成为无本之木，无源之水。所以，一个负责任的演员，在接戏之前，总是先看剧本，再做出决定。只有优秀的作品，才可能为朗读者提供自由创造的最大空间。

从体裁而言，诗歌、散文以及小说、文学剧本的精彩片断应作首选。对儿童，则以故事、寓言、童话、儿歌为宜。如果有播音主持专业的努力方向，自然也应该考虑消息、通讯、新闻评论等文体。如果是参加比赛或表演，则要符合主办方的要求，包括体裁、内容以及篇幅占据的时长等。

此外，作品的内容、体裁、风格是否适合朗读者自身的条件，以及读给谁听，即朗读对象的问题，也是选择时必须一并考虑的。

其次，文本选择得好，并不意味着朗读的成功，只是提供了成功的必要条件。朗读是艺术的再创造，是通过朗读把文字作品音声化。而音声化不是简单地见字出声，其中有很大的表现空间，朗读者要综合运用各种能力和手段，才能使朗读达到艺术化的高度。朗读者的语音面貌、情绪心理、对作品的感受与理解程度、分寸的把握、想象力的强弱、运用语言表达的技巧水平的实际发挥程度如何等，都直接关乎朗读的成败，这就造成同一位朗读者或不同的朗读者朗读效果的差异。同一位朗读者朗读同一件作品，朗读状态的

① 付程：《播音创作观念论》，北京广播学院出版社，2000，第216—217页。

不同，发挥程度的不同，会导致不同的朗读效果；不同的朗读者朗读同一件作品，可以是风格不同而一样精彩，不分伯仲；也可以是优劣、高下立见。

朗读的口语传播与文本的文字传播相比较，前者受到后者的制约，即后者对前者有限制性。但是由于传播的媒介形式不同，传播途径与手段不同，主体所处的环境、时代不同，朗读者对文本会有新的理解和独特的感受，朗读者的再创造会产生新的艺术构架，相对于文本而表现出艺术创造的自由性与超越性。既遵守限制，又发挥限制下的自由；既尊重文本，又在不违背文本的前提下实现超越，这就是朗读追求的境界，也是我们认为朗读是一种艺术再创造的原因。

所以，朗读者正确把握自己与文本的辩证关系，是指导自己走向成功之路的重要方面。为此，朗读者必须加强自己的全面修养，使自己的主体精神变得更加强大。

第四节　朗读的审美魅力

出色的朗读总能把人带入一种特定的审美情境，达到艺术对现实的超越，进入陶醉其中、怡情悦性、流连忘返、忘却自我的境界。这种感受来自于朗读的内容美，作品艺术创作的艺术形式美，同时又来自朗读者的音美、形美、气质美、风度美、情感美、风格美以及“点石成金”的创造美。朗读者高水平的朗读，常常会使听者为之倾倒，使朗读者成为听者心目中的偶像，进而产生模仿效应、示范效应。

前面，我们已经论述过选择文本的重要性。因此，我们就能理解那些脍炙人口的名篇佳作常常会成为朗读者不约而同的选择对象了。思想肤浅、情感轻薄虚假、艺术平庸的作品，只会倒听者的胃口，对听者产生负面消极的引导。所以，朗读者必须明确自己以先进的思想文化引领听者的责任，严把文本的选择关。朗读者自觉地这样做了，对朗读者有益，对社会有益。

既然是二度创作，就不是对原作的刻板复制、机械照搬，更不是念字出声。念字出声，固定腔调，情感缺失，朗读主体不到位，那不能称之为朗读。朗读要做到音声传达的人文化、艺术化。所谓人文化，是指传达出作品中蕴含的丰富的、宝贵的澡雪精神，启人心智的文化信息；所谓艺术化，是指运用音声表达的特殊手段把文字语言艺术转化为有声语言艺术。这里，我特别引述张颂的一段话作为更准确的阐释，他说：“有声语言传播，以其科学精神的阐发、人文精神的关怀吸引受众、感染受众。而科学精神的真谛、人文精神的奥秘常常不在词语表层，而是潜藏在、蕴含在词语‘不在场’的深层之中。这只有依赖有声语言特有的表现力加以显露和昭示。这种显露和昭示，需要很强的艺术功力，它使有声语言超越‘稍纵即逝’‘过眼云烟’的迷雾，进入意在言外、余音绕梁的境界。”[①] 朗读艺术的艺术魅力形成的最核心原因正在于此。为了从感性角度有一个具体的了解，还是让我们一起来看一个例子吧——

赵忠祥在解说《动物世界·丽尔的漂泊——离家》时，文本中有这样几句话：“但是它们并不总在飞翔，到中午的时候，丽尔已经飞出来站在屋瓦上了，在阳光下晾晒着它们的身体，燕子们成了杂技演员。”赵忠祥首先是停连的创作处理。按他的处理方式，这句话落在字面上的标点变为：“但是它们并不总（停）在飞翔，到中午的时候，丽尔已经飞出来（停）站在屋瓦上了，在阳光下晾晒着它们的身体，燕子们成了（停）杂技演员。”他一反常规，打破了完全按照文字标点停顿的通常做法，带过次要的东西，小心地在重点之处休歇换气，既突出了重点又显得层次分明，趣味横生。另外，“在阳光下晾晒着它们的身体”的处理是：语调高展、气息虚暖、咬字灵动、句尾不落，好像自己也成了在阳光下闲适慵散的燕子了。这些极具个性化的处理，即源自他对语言功能、艺术功能的娴熟技艺。[②]

赵忠祥这种独特的停连当时成为好多人不能理解和接受的断句方式，甚至换气方式也被视为离经叛道受到指责。但是，却立即受到了观众、听众的欢迎、肯定与赞赏。因为，这样的处理不是故意要标新立异，而是更符合接受者的心理逻辑，更符合口语表达的内在规律，是对文本内容更加富有意味

① 张颂：《播音主持艺术论·关于信息共享的思考》，中国传媒大学出版社，2009，第 20 页。
② 魏南江：《节目主持艺术学》，中国广播影视出版社，2015，第 223 页。

的阐释。因为这种做法是对惯有的旧有方式的突破，所以又给人以耳目一新的感觉。

后来，赵忠祥回顾时说了这样一段话：

“播音时的节奏，初念稿子的新手，往往不敢大幅度地停顿。因为他做不到词断意不断，他即使机械地停顿，也使这空隙了无生趣。其实，停顿类似着墨留白，那空隙，那留白，是语言的无声部分，是感受表述后的一个不可缺少的回味部分，令听众回味过去，有一个接受上一句信息，包括情感信息的一个回旋，并追寻下一句言语的去向，使受众感到的是连绵不断的意境。”[①]

在作品里，语句的含义与字句之间有时是一致的，表现得很明显；有时则是相反的，如反语；有时，意思隐藏在里面，需要深入开掘才能发现。后面两种情况就是文章的内在语，也叫作弦外之音、言外之意，朗读者一靠平时的观察和生活经验的积累，二靠对文本的研磨思考才能发现，从而通过恰当处理准确地揭示其内涵并传达给听者。下面这篇朗读材料，是一个小故事：

猫和老鼠

天快黑了，老鼠回来了，肚子吃得鼓鼓的，嘴巴油光光的。（内在语：单独行动，饱腹而归，神情得意。）猫问：“你大姐生了啥呀？”（内在语：并不知情，语气平和，有关心之意。）“生个白胖小子。”（内在语：欺骗已成习惯，有随口应付的意味）猫又问：“起个什么名字？”老鼠转一转眼珠说：“叫，叫一层。”（内在语：继续欺骗，糊弄对方，但反应有个明显的思考过程。因此，在“老鼠”之后以及“说”的前面稍作停顿，在第一个“叫”字后面停顿稍长。而“一层”显得语不择词，含滑稽意味，又关合最后的“包袱”。）

又过了十来天，老鼠又说：“我二姐又要生孩子，请我去吃饭。”（内在语：故伎重演。）猫说：“早去早回。”（内在语：实在，仍旧毫无觉察。）老鼠边答应边往外走。（内在语：急于脱离。）

天黑了，老鼠回来了，腆着肚子，满嘴都是油。（内在语：偷吃成性）猫

① 赵忠祥：《岁月随想》，上海人民出版社，1995，第74页。

问："你二姐生了个啥呀?""生个胖丫头。""起个什么名字?""叫一半。"（内在语：表现得老练。所以读"叫一半"时，语速快，与第一次构成对比。）

又过了七八天，老鼠又说："我三姐生孩子，请我吃饭。"（内在语：对猫的轻视，欺骗也觉得不必动什么脑子。）猫说："别回来晚了。"（内在语：关心不变，实在依旧。）

天大黑时，老鼠回来了，一进屋带来一股油味（内在语：毫无顾忌。），对猫说："我三姐也生了个白胖小子，起名叫见底。"（内在语：连续得逞，飘飘然，"见底"呼应"一层""一半"，有戏谑猫的意味。）

三九天到了，一连下了三四天的大雪。猫说："快过年了，什么食也找不到，明天咱们把猪油取回来吧。"（内在语："咱们"一词说明不把老鼠当外人的善良与诚实，与老鼠的一贯单独行动做对比。）

第二天一早，老鼠走在前边，猫跟在后边，奔大庙走去。

到了大庙里，猫第一眼就看到过梁上满是老鼠的脚印，坛子像被开过（内在语：猫的观察力并不弱，但却拙于"识人"，可见识人之难。）。猫已经全明白了，瞪圆双眼大声说："是你给吃见底了?"（内在语：似乎难于接受这样一个冷酷的事实，强调"你"和"见底"。）老鼠刚张口，见猫已经扑过来，就转身跳下地。猫紧追它，眼看就要被追上了，一急眼，老鼠钻到砖缝里去了（内在语：谎言不能长久，最终会导致危险与狼狈。老实人一旦明白过来，反击力的暴发会很大。）。

后来，老鼠见猫就逃，猫见老鼠就抓（内在语：因果报应，意味深远。）。

很显然，文本虽短小，但内在语十分丰富，限于篇幅，难于一一写出。朗读者如果在重音、语气、节奏、停连等多种手段予以恰当处理，听者就会在生动、形象、饶有趣味的享受中获得人生哲理的深刻启迪。朗读的任务在于发现、挖掘、表现文本中的美，并且进一步拓展美的空间。

关于有声语言的艺术创造问题，对朗读的节奏、神韵有这样一段颇为精彩的议论：

"节奏，也是气韵，也是独具匠心的运营。守若处女，疾如脱兔；静如山岳，奔如电闪；泰山崩于前而色不变，麋鹿兴于左而目不瞬。节奏不仅体现在速度中，也体现在气度上。一味快并非节奏，一个劲地满也不是节奏。动静之间、快慢之间、张弛之间，都充满了节奏，充满了气度。这一切处理得当就会构成大器的神韵。”①

节奏是世间万物运动的特征之一，是一种规律性的表现。动与静、快与慢、轻与重、浓与淡、疏与密、抑与扬、张与弛种种有机结合的丰富变化，构成了朗读的旋律之美、意境之美、神韵之美。这就是朗读之美的理想境界。

形成节奏的诸因素之间有着互为交叉、渗透的关系。每组矛盾着的对立双方之间，也是你中有我、我中有你，互相对立又互相依存，在运动变化中互相转化。依据内容，依据艺术规律，把每对关系处理好了，从而达到整体的和谐美，朗读者对朗读的美学理论的追求也就实现了。当然，这种实现是有层次的，相对的，还有无限的拓展空间。

赵忠祥在刚才那段关于节奏的议论中，谈到了气韵、气度、神韵诸概念，表明了它们之间的紧密关系。气，既是外在的，又是内在的；既是物质的，又是精神的。孟子说：“吾养吾浩然之气”，气，指的就是人的内在精神、情感、思想。气的外显，就是人的气息、气势、气度、风范。人在与客观世界的联系中，受到触动产生情感，情感产生并调动了气息，使情感在运动变化中呈现出不同的状态。故人在精神集中时，气息的张力增大；人在疲沓、涣散时，气息松懈；人在喜悦、愉快时，气息饱满；人在灰心沮丧时，气息减弱。例如举重运动员，如先自畏怯，挺举或抓举时则气息不足，继而造成失败，一旦失败，气则立泄，失望神情难以掩盖。古人说“情动于中而形于言”，有声语言的“声”靠的是气的托举，从而形成情生气、气托声、声传情的表现规律。气是声的动力，情是气的动力源，声是情的外部显现。成功的朗读是“为情造声”，失败的朗诵是“为声造情”；前者的情是有感而发的，真挚的，动人的；后者的情是虚饰的，苍白的，无力的。“煽情”，指的就是后者。所以，情、声、气的和谐统一，是朗读者努力的方向和指南。它

① 赵忠祥：《岁月随想》，上海人民出版社，1995，第 72 页。

需要朗读者，既要修内，又要修外，缺一不可。

具体到对一篇文章朗读的时候，朗读者就要首先深入体会、感受它蕴含的感情，并通过联想、想象调动自己的情感体验，渗透自己被作品激发的“我”的情感，使二者在情感的性质、方向、强度、色彩、变化等方面保持一致，运用相关技巧予以创造性的表达。情感表现是朗读之所以打动人、使听者产生共鸣的最主要原因。在“文本——朗读者——听者”构成的传播系统中，文本是前提，朗读者是关键，听者的鉴赏力是必要条件，情感是沟通的桥梁。由于朗读者富有生命活力的声情并茂的朗读，使听者的情绪、情感被激活，或喜悦，或忧伤，或平静，或激动，或紧张，或轻松，或振奋，或遗憾，或欢呼，或扼腕，或惊讶，或愤怒，或会心一笑，或若有所思……总之，心随情牵，神为情动，虽不能至，心向往之。

朗读、朗诵，在很多情况下是有听众的。无论有无听众，由于文本内容信息的思想性、逻辑性、情感性，必然引起朗读者由感受和领悟而产生的情感反应，亦即朗读过程中情感体验的反应。这种反应的直接表现，就是朗读者的表情变化。朗读者的表情呈现是朗读者由“心理场”进入“审美场”的标志，也是感染听众、带动听众一同步入审美情境的重要因素之一。

一般说来，朗读者的表情包括三个方面，即面部表情、身态表情和言语表情。

面部表情，是指脸部的表情动作。其中，眼睛、眉毛、嘴巴的变化最能表现一个人的情感。

身态表情，也叫身段表情、动作表情，是指人在表现情绪、情感时身体各部的姿态。其中，尤以手的动作为主。

言语表情，是指人的情绪、情感在语气、语调、节奏、速度变化方面的表现。朗读者凭借语气的起承转合、速度的快慢变化、节奏的张弛抑扬、语势的高低强弱和音色的明暗对比，表达出各种各样丰富细腻的感悟。这种以可视画面场景与可闻音声的表现方式大大突破了书面语言的文字传导的局限，比书面语言的表达形式更为丰富、直观。

以上三种表情形式既互相联系、互相补充，又互相制约，以和谐一致为基本要求。在运用时，要注意情、声、意的高度统一和谐，从而达到“整体美”的境界。同时，尤其要注意度的把握，“过”与“不及”都应予以避免。要明白，任何表达形式都是为完美充分地表达内容服务的。脱离了这一点，就会走向反面。

如何做到最好，还是要朗读者在实践中去感受、体会，在学习、交流中不断探索、提高。

此外，朗读者上场前还要适当注意发型、着装、形象修饰，以适应场合、对象、气氛，但求整洁大方、合度得体。要注意调整心理，调整情绪，做到精神饱满又淡定从容。朗读时，既要注重文本，又要与听者有眼神的交流，从观众的反馈中获取信息，决定表达是否需要调整，如何调整。无论怎样，始终要保持自信。做到了这些，就可以达到在全面意义上的朗读的整体的和谐统一。

第五节　朗读是播音主持的基础

报考播音主持的考生，一般都是在中小学时期就对朗读始终怀有浓厚兴趣并显示出特长的人。报考播音主持纵然需要多种综合条件，但是兴趣和特长显然是最重要的因素之一。没有兴趣，很难形成特长；没有兴趣，就缺少了动力。有特长，说明了这方面的基础素质比较好，具有拓展、提升的空间。民间评价一个人时常说“他不是干这件事的料”“他是一块好料”。这个“料”，指的就是基本素质，是先天与后天的综合指称。在这里，“料”又有特指，也就是说，是否具备作播音员主持人的基本素质。一个人，各有天赋，天赋多指某一个方面，无所不能的人是不存在的。不适合做播音主持，说不定做另一件事，就是块“好料”。

朗读是播音主持的基础。实际上，在前面的论述中，我们已经能够清楚地看出来。比如普通话问题，朗读成为他的特长的人，普通话水平一定是不错的。倘若进入播音主持专业，仍然脱不开浓重的方音，那还有什么可塑性呢？时间也不允许呀！即使已经在播音主持岗位上工作的人，受众也会发现他是哪个地方的人，原因是“他”一不留神在某个方音上露出了马脚，而纠正的有效方法之一就是朗读。同时，这一现象也说明了在失误者那里，普通话尚未得到完全彻底的固化，旧有的习惯总是那样顽固地时而露一小手。

在校的大中小学学生以及社会上的各类人等，如果他是一个喜欢朗读而逐渐养成了查阅字典词典、随时正字正音的习惯，养成随时检视自己吐字发音出现的问题而做出修正的习惯。这个良好的习惯的养成，对播音员主持人来说更是特别重要的。笔者最近在翻阅相关播音主持的文章著述时，有一些就特别统计并点名道姓地列举了中央台及各省级地方台播音员主持人播音主持时出现的读音错误，而且类型多、数量大，有的错误的影响还比较严重。笔者也发现，有些播音员主持人出现错误已经成为常态，从神态上看似乎并不以为然。有人在文章中说，现在有一些播音员主持人已经把正字正音视为“小儿科”，忘记了他们在群众中产生的示范效应和“引领”的责任，以至于达到漫不经心的程度。这样看来，问题就越发严重了。合乎逻辑的应该是负疚和不安，达到坐不安席、食不甘味的程度，并以行动尽快改正。这也说明，播音员主持人在工作之余，仍应坚持以朗读为手段，做到“平时多流汗，战时少流血”。然而，可惜的是，一些实践证明行之有效的办法、传统被抛弃了。这当然要引起广大受众的不满。如果主管部门也一样熟视无睹，不采取一些必要的措施，那么，电台、电视台的形象和音声示范的权威性就会受到损害和动摇。

电台电视台的各类播音主持节目，都与朗读有着或直接或间接的联系。

新闻播音主持中的“宣读式”以及文学意味浓厚的文艺性通讯、新闻特写的播音几乎就是朗读。新闻播报式的新闻播音与朗读也较为贴近。在一些重大场合的播音主持中，常以拟就的文本为依托，具有庄重性与抒情性，朗读的特点常常更为明显。至于文学作品的演播，如诗歌、散文、小说等，就更难以说清与朗读的区别了。至于诸如访谈类节目、现场采访报道等，似乎远离了朗读，但是你能够断然否认在基本功的锻炼方面二者存在的隐形联系吗？播音主持的任务、性质、对象、目的等与一般性的朗读有着很明显的区别，但二者的紧密关系却无法否认，朗读是播音主持的基础是一个事实存在。

中国传媒大学前身北京广播学院播音系于1993年曾经邀请几位兼职教授、业内专家举行座谈，其中有时任中国广播电视学会播音学研究委员会会长、中央人民广播电台播音部主任、播音指导铁城，时任中国广播电视学会主持人节目研究委员会会长、中央电视台著名节目主持人、播音指导赵忠祥。下面是他们发言的几段相关内容——

铁城：学生毕业分到台里能否尽快适应工作、胜任工作，关键是看基本功是否扎实、过硬。播了一段时间，能否不断进步和提高，也是看基本功牢不牢。从现在广播电视节目的发展和主持人的实践来看，学院教学上对基本功来说，一要加强，二要充实。节目主持可以说是一个多学科交叉的职业，素质、能力、学识、修养对主持人的要求既是全方位的，又是无限的。从这个角度来看待我们过去传统的基本功的概念，就会感到不足。除了思想修养以外，过去对播音基本功的理解不外是用气发声、吐字发声、语言表达等，现在看来就不够了。

赵忠祥：从目前主持人实践的实际需要来看，我认为，教学上有三个方面的内容要加强：

第一，演讲课。……

第二，朗诵课。朗诵能力是主持人必备的技能。现在有许多主持人的语言太平、太死，根本不到位，就是没有朗诵的功底。比如朗诵的一个技巧——夸张，没有夸张，语言就到不了位，正所谓“说者千钧力，闻者始动衷”。有了夸张，才可能有含蓄。朗诵语言的大起伏、大落差、大夸张，对主持节目时语言的运用是很有帮助的。

铁城：当年齐越带我们时，就经常搞朗诵练习，还经常到社会上去搞朗诵会，对我们打下扎实的语言表达基本功大有益处。

赵忠祥：朗诵课的学习和训练也是文化的学习、修养的积累。教学中应增加背诵经典词章的内容。有人说，《红楼梦》要是能背下来一章，就会受益终生。如果我们播音专业毕业生大学四年下来能倒背如流百十篇经典词章，再主持节目就会感到应付自如，手到擒来。[1]

从上面所引的他们的发言看，朗读训练对于播音主持的从业者的确是一项十分重要的基本功训练，无论是必要性和重要性都是不言而喻的。不仅从业前需要这样的训练，从业后仍然要坚持这样的训练。因为，基本功的训练是需要贯穿始终的。

朗读与播音主持一样，都具有突出的实践性，在实践中体会、摸索、提高和发展。同时，都需要理论的指导，少走弯路，以期抵达更高的境界、层面。对有志于播音主持专业的朗读爱好者来说，接受系统的专业知识的教育和专业技能的训练是一个必要的选择。毕竟，理论与实践如车之两轮，鸟之两翼，缺一不可。当理论的自觉和实践的自觉融为一体的时候，艺术创造的美好境界的到来当是可以期待的。

① 付程：《播音创作观念论》，北京广播学院出版社，2000，第172—173页。

后　记

抽出时间，跌跌撞撞写出了上面的二十万字。付出之后，才进一步明白了“要知道梨子的滋味，就要亲口尝一尝”的道理。但是，辛苦的同时，也收获了劳作之后的愉快。

写作前和动手的过程中，阅读了相关文献资料，其中包括我的老师与同事们的大作，从中得到许多有益的启示和帮助，由衷地向他们表示一声感谢！对中国广播影视出版社也一并道声感谢，感谢你们的大力帮助与支持！

稿子虽屡做修改，不满意处仍然所在多多。人们常说“自己的孩子怎么看怎么好看”，我竟然没有这种感受，大概也是一种实事求是的态度吧。

写作没有一点自信是不可想象的。这一点儿自信主要来自于内心的诚恳，也就是说，写出来的就是心中的所思、所想。因为，我相信“修辞立其诚”这句格言。

张颂说过：“一个新学科，交叉学科也好，边缘学科也罢，在初期，总是困难重重的。挂一漏万、管窥蠡测、冒昧谫陋、谬误百出，都是可能的。”我虽然明知先生是勉励后学的，但话说到这个分上，不觉又增添了一点自信。

看着案头上，张颂赠书扉页上的两行苍劲有力的题字，仿佛又看到他那亲切慈祥的目光，心中不禁涌来一丝丝怅然。哲人已逝，后学当继续努力。本书若能为读者提供些许启发和帮助，笔者也就聊以自慰了。

郭杰　写于中国传媒大学

2019 年 10 月 26 日

参考文献

1.【德】马克思．经济学——哲学手稿【M】．北京：人民出版社，1957.

2. 秦牧．艺海拾贝【M】．上海：上海文艺出版社，1962.

3.【德】黑格尔．歌德谈话录【M】．北京：人民文学出版社，1978.

4.【德】黑格尔．《美学》(第一卷).【M】北京：商务印书馆，1979.

5.【德】黑格尔．美学(第三卷上册)【M】．北京：商务印书馆，1979.

6. 郭绍虞．中国古代文论选【M】．上海：上海古籍出版社，1979.

7.【德】歌德等．文学风格论【M】．王元化译，上海：上海译文出版社，1982.

8. 计永佑，吕香云．美与艺术规律【M】．北京：对外贸易教育出版社，1986.

9. 余秋雨．艺术创造工程【M】．上海：上海文艺出版社，1987.

10. 李壮鹰．中华古文论选注【M】．天津：百花文艺出版社，1991 年版

11. 毛泽东．毛泽东选集(第三卷)【M】．北京：人民出版社，1991.

12. 姚喜双．播音风格探【M】．北京：中国文联出版公司，1992.

13. 金开诚．谈艺综录【M】．北京：中国青年出版社，1993.

14. 王振堂．中国播音学文集（第一集）【M】．贵阳：贵州人民出版社，1994.

15. 张颂．中国播音学【M】．北京：北京广播学院出版社，1994.

16. 张德明．语言风格学【M】．长春：东北师范大学出版社，1995.

17. 张颂．朗读学【M】．北京：北京广播学院出版社，1999.

18. 付程．播音创作观念论【M】．北京：北京广播学院出版社，2000.

19. 杨波．中央人民广播电台简史【M】．北京：北京广播学院出版社，2000.

20. 张颂．语言传播文论（续集）【M】．北京：北京广播学院出版社，2002.

21. 王宇红．幽默与节目主持人的艺术【M】．北京：中国经济出版社，2003.

22. 敬一丹 .99 个问号——敬一丹漫谈主持人【M】．北京：中国广播电视出版社，2004.

23. 柴璠．当代广播有声语言的创新空间【M】．北京：中国传媒大学出版社，2006.

24. 柴璠 . 广播电视语言传播文化品位及审美趋势研究【M】. 北京：中国广播电视出版社，2007.

25. 张志和 . 启功谈艺录【M】. 北京：中国社会科学出版社，2007.

26. 陈醇 . 陈醇播音文集【M】. 北京：中国广播电视出版社，2007.

27. 张颂 . 诗歌朗诵【M】. 北京：中国传媒大学出版社，2008.

28. 周迅 . 大海的一朵浪花——孟启予的广播电视生涯【M】. 北京：中国广播电视出版社，2008.

29. 张弛 . 听者有意：广播新闻审听手记【M】. 北京：中国广播电视出版社，2009.

30. 张颂 . 播音主持艺术论【M】. 北京：中国传媒大学出版社，2009.

31. 张颂 . 朗读美学【M】. 北京：中国传媒大学出版社，2010.

32. 祝捷 . 中国播音主持评估标准体系发展研究【M】. 北京：中国广播电视出版社，2013.

33. 高国庆 . 播音主持美学论纲【M】. 北京：中国传媒大学出版社，2013.

34. 魏南江 . 节目主持艺术学【M】. 北京：中国广播影视出版社，2015.

35. 熊征宇 . 电视访谈节目主持人传播能力解析【M】. 北京：中国广播影视出版社，2015.

36. 王丹 . 电视节目主持人语言研究【M】. 广州：暨南大学出版社，2015.

37. 鲁景超 . 播音主持语言的文化功能【M】. 北京：中国传媒大学出版社，2016.

38. 马谛 . 娱乐节目主持艺术【M】. 北京：中国传媒大学出版社，2016.

39. 刘卓 . 罗京现在开始播音【M】. 北京：中国传媒大学出版社，2019.

图书在版编目（C I P）数据

播音主持艺术审美简论 / 郭杰著. -- 北京 : 中国广播影视出版社, 2020.10
ISBN 978-7-5043-8516-1

Ⅰ. ①播… Ⅱ. ①郭… Ⅲ. ①播音—语言艺术—研究②主持人—语言艺术—研究 Ⅳ. ①G222.2

中国版本图书馆CIP数据核字(2020)第197509号

播音主持艺术审美简论
郭杰 著

责任编辑 王丽丹 谭修齐
封面设计 盈丰飞雪
责任校对 张 哲

出版发行 中国广播影视出版社
电　　话 010-86093580 010-86093583
社　　址 北京市西城区真武庙二条9号
邮　　编 100045
网　　址 www.crtp.com.cn
电子信箱 crtp8@sina.com

经　　销 全国各地新华书店
印　　刷 涿州市京南印刷厂

开　　本 787毫米×1092毫米 1/16
字　　数 200(千)字
印　　张 12.75
版　　次 2020年10月第1版 2020年10月第1次印刷

书　　号 ISBN 978-7-5043-8516-1
定　　价 39.00元